Schriften zur Sozialen Arbeit
Band 16

Soziale Arbeit zum Wohl des Kindes

Johanna Scharinger
Kinderwunsch und Elternschaft
von Menschen mit geistiger Behinderung

Johanna Rothbauer
Mütterlichkeit versus Distanz
in der Familiären Krisenpflege

Stefanie Weinzirl
Soziale Arbeit im Rahmen der Jugendwohlfahrt
Interventionsmöglichkeiten
bei innerfamiliärem sexuellem Missbrauch

Fachhochschul Studiengang Soziale Arbeit, Linz

Bibliografische Information der Deutschen Bibliothek
Die Deutsche Bibliothek verzeichnet diese Publikation in der Deutschen Nationalbibliografie; detaillierte bibliografische Daten sind im Internet über http://dnb.ddb.de abrufbar.

Lektorat: Robert Stähr
Umschlaggestaltung: Herwig Demuth
Satz: Ingemar Goldberger
Druck: edition pro mente

ISBN: 978-3-902724-06-9

Vorwort

2006, also vor gut vier Jahren, wurde erstmals in der Reihe „Schriften zur Sozialen Arbeit“ des Studienganges Soziale Arbeit der Fakultät für Gesundheit und Soziales der FH Oberösterreich eine Diplomarbeit veröffentlicht. Judith Stütz setzte sich damals mit „Elternarbeit im Rahmen der Fremdunterbringung von Kindern und Jugendlichen“ auseinander. Mittlerweile beendet der sechste und letzte Jahrgang DiplomstudentInnen das Studium Sozialarbeit, zur selben Zeit sind die ersten Bachelorarbeiten am Campus Linz entstanden. Die in diesem Band publizierten drei Arbeiten zeigen verschiedene Aspekte des für Soziale Arbeit essenziellen Themas „Kindeswohl“ auf. Sie knüpfen somit inhaltlich bei der Diplomarbeit von Frau Stütz an, wenn sich auch der Fokus stärker auf die Interessen und Bedürfnisse der Kinder richtet.
Johanna Scharinger versucht das Recht von Kindern nach einer ihre Entwicklung bestmöglich fördernden familiären Umgebung in Relation zu setzen zu dem Recht von Menschen mit geistiger Behinderung, Mutter oder Vater werden zu können. Eine Themenstellung, die durch das Chancengleichheitsgesetz große Aktualität erhalten hat und ein schwieriges ethischen Dilemma der sozialen Arbeit aufzeigt: Das Wohl einer potentiellen KlientInnengruppe – Menschen mit geistiger Beeinträchtigung – steht in einem Spannungsverhältnis zum Wohl einer anderen potentiellen KlientInnengruppe – dem von Kindern von Menschen mit geistiger Beeinträchtigung.
Stefanie Weinzirl thematisiert ein anderes ebenso aktuelles wie heikles Arbeitsgebiet: „Innerfamiliärer sexueller Missbrauch und die Interventionsmöglichkeiten im Rahmen der Jugendwohlfahrt“. Auch hier stellen sich sehr schwierige ethisch-moralische Fragen. Geht doch die Gefährdung des Kindes, mit der sich diese Bachelorarbeit auseinandersetzt, von einer Person aus, die gleichzeitig zu seinen wichtigsten Bezugspersonen zählt: dem Vater. Aber nicht immer ist ein Missbrauch so offenkundig und einfach nachweisbar, wie es Medi-

en manchmal suggerieren, so dass andererseits auch die Gefahr eines ungerechtfertigten, aber die Familie schwer belastenden behördlichen Eingriffes besteht.
Johanna Rothbauer greift diese Thematik auf und reflektiert eine aus dieser Gefährdung entstehende weitere Herausforderung für die Soziale Arbeit. Was geschieht, wenn das Kind aus seiner Herkunftsfamilie herausgenommen werden muss, weil anders seine Sicherheit nicht gewährleistet werden kann? Werden nicht durch den Beziehungsabbruch zu seinen leiblichen Eltern und durch die Unterbringung bei Krisenpflegeeltern dem Kind erneut traumatisierende biografische Erfahrungen zugefügt? Wie muss also diese Krisenbetreuung organisiert werden, um eine bestmögliche Förderung der „Krisenkinder" zu ermöglichen und mögliche Belastungen durch mehrere Beziehungsabbrüche zu reduzieren? Die Autorin versucht in ihrer Bachelorarbeit Antworten auf diese komplexe Fragen zu finden.
Diese drei Bachelorarbeiten geben, stellvertretend für alle anderen, die derzeit am Bachelorstudiengang Soziale Arbeit geschrieben werden, einen guten Einblick in den Stand der Diskussion zu aktuellen und wesentlichen Fragen der Sozialen Arbeit. Sie belegen eindrucksvoll das große Engagement und das hohe Niveau der inhaltlichen Auseinandersetzung, das von den Studierenden und Lehrenden am Studiengang Soziale Arbeit gelebt wird.

Marianne Gumpinger

Inhaltsverzeichnis

Kinderwunsch und Elternschaft von Menschen mit geistiger Behinderung

Johanna Scharinger

Begutachterin:
Dr.in Marianne Gumpinger

Inhaltsverzeichnis

1. Einleitung

Der Wunsch nach Normalität bei Menschen mit geistiger Behinderung schließt auch häufig den Wunsch nach Familie, Partnerschaft und Kindern mit ein. Doch von BetreuerInnen, Eltern und Gesellschaft werden gerade Kinderwunsch und Elternschaft von geistig behinderten Menschen nur ungern in Betracht gezogen, wenn überhaupt darüber nachgedacht wird.
Auch AutorInnen der einschlägigen Fachliteratur scheinen sich nicht sicher zu sein, ob auch Menschen mit geistiger Behinderung Elternschaft zusteht. Laut Walter „*waren sich bis vor kurzem nahezu alle Autoren im deutschsprachigen Raum einig: Eine Selbstbestimmung hinsichtlich Nachkommenschaft wird abgelehnt*“[1]. Mittlerweile ist aber in der aktuellen Fachliteratur ein Trend in Richtung Bejahung der Elternschaft erkennbar. Pixa-Kettner etwa schreibt, dass sich nicht die Frage stellt,

„**ob** Menschen mit geistiger Behinderung Kinder haben dürfen“, sondern „**wie** in den längst existierenden Familien geistig behinderte Eltern(teile) und ihre Kinder zusammenleben und **welche Unterstützungen** sie dabei benötigen“[2].

Bevor es aber zu einer Elternschaft kommen kann, muss es erst einmal möglich sein, überhaupt Sexualität zu leben. Durch stetige Enttabuisierung des Geschlechtslebens wird dieses auch Menschen mit geistiger Behinderung mehr und mehr zugestanden. Mit dieser Öffnung in Bezug auf Sexualität geht einher, dass es auch wichtig ist, sich mit den Themen Verhütung, aber auch Kinderwunsch und Elternschaft auseinanderzusetzen.

Darüber, wie sich die Situation zu dieser Thematik in Österreich darstellt, ist noch sehr wenig bekannt, da es kaum wissenschaftliche Arbeiten dazu gibt. Weil eine österreichweite Befragung den

Rahmen einer Bachelorarbeit bei weitem gesprengt hätte, wurde die empirische Forschung auf Oberösterreich (OÖ) beschränkt.
Im Folgenden skizziere ich kurz den Inhalt der nun folgenden Kapitel. Zu Beginn wird das methodische Vorgehen beschrieben. Danach folgt die definitorische Klärung der wesentlichsten Begriffe zur Thematik Elternschaft, die da sind: „Menschen mit Behinderung", „Menschen mit geistiger Behinderung" und „Kindeswohl". Im vierten Kapitel wird auf den Kinderwunsch von Menschen mit geistiger Behinderung und darauf, wie damit umgegangen wird, eingegangen. Daran anschließend erfolgt eine Beschreibung der Möglichkeiten, wie verhindert wird bzw. wurde, dass überhaupt Kinder entstehen. Das sechste Kapitel beschäftigt sich mit den in (Ober-)Österreich geltenden rechtlichen Rahmenbedingungen.
Im siebten Kapitel der vorliegenden Arbeit erfolgt eine ausführliche Beschreibung zur Situation in OÖ, die mittels ExpertInneninterviews erhoben wurde.

2. Methodische Herangehensweise

Die vorliegende Arbeit wurde mittels Literaturanalyse und qualitativer ExpertInneninterviews erstellt. Die qualitative Literaturanalyse trägt fundiertes Wissen aus der vorhandenen Fachliteratur zusammen und gibt es komprimiert für die LeserInnen wieder. Zur Vertiefung der Fachliteratur und um ein Bild zur Thematik in OÖ zu gewinnen, wurden leitfadengestützte Interviews mit ExpertInnen durchgeführt.
Diese Interviews wurden mittels qualitativer Inhaltsanalyse ausgewertet.[3]
Im Folgenden wird auf die Forschungsziele und die Auswahl der ExpertInnen näher eingegangen.

2.1 Forschungsziele

Ziel dieser Arbeit ist es, zu analysieren,

- ob das Thema „Kinderwunsch und Elternschaft von Menschen mit geistiger Behinderung“ in OÖ von Relevanz ist,
- wie in der Praxis damit umgegangen wird,
- welche Unterstützungsmöglichkeiten es in OÖ gibt und
- wie sich die Rahmenbedingungen darstellen.

2.2 Auswahl der InterviewpartnerInnen

Da es in Oberösterreich keine Organisation gibt, die Mütter und Väter mit geistiger Behinderung gemeinsam mit ihren Kindern betreut, wurde beschlossen, die Befragung allgemein in den Einrichtungen der Behindertenhilfe durchzuführen. Um ein möglichst umfassendes Bild zur Praxis in OÖ zu erhalten, sollten die befragten

ExpertInnen aus möglichst vielen unterschiedlichen Einrichtungen kommen. Die ExpertInnen sollten mit der Thematik vertraut sein und als zweites Kriterium Einblick in möglichst große Teile der Organisation haben, um mit einem Interview weitestgehend die gesamte Einrichtung abzudecken.
Die Kontaktaufnahme mit den Einrichtungen erfolgte per E-Mailanfrage.
Mit folgenden sieben Einrichtungen konnten Interviewtermine vereinbart werden: Arcus Sozialnetzwerk *GmbH*, Berufliches Bildungs- und Rehabilitationszentrum (BBRZ) – Verein zur Förderung von Arbeit und Beschäftigung (FAB), Caritas für Menschen mit Behinderungen, Evangelisches Diakoniewerk Gallneukirchen, Institut Hartheim, Lebenshilfe OÖ und OÖ-Zivil-Invalidenverband. Vor diesem Hintergrund setzt sich die Personengruppe der Befragten aus drei MitarbeiterInnen im psychologischen und/oder pädagogischen Dienst, zwei Personen in (Bereichs-) Leitungspositionen, einer Mitarbeiterin der Sozialarbeit und einer Nachbetreuerin zusammen.
Zusätzlich zu den sieben ExpertInnen aus sieben Einrichtungen wurde ein Interview mit Frau Mag.ª Hackl vom Amt der oberösterreichischen Landesregierung, Abteilung Soziales, geführt, um auch eine Entscheidungsträgerin zu Wort kommen zu lassen. Sie ist Gruppenleiterin für den Bereich: Leistungen für Menschen mit Behinderungen. Neben der Aufsicht liegt ihre Zuständigkeit auch in der Festlegung von Rahmenbedingungen (in Form von Qualitätskriterien der erbrachten Leistungen und Festlegung der monetären Leistungen) und in der Sozialplanung.[4]
Darüber hinaus wurde mit Herrn Mag. Glaser vom Verein Senia gesprochen.
Der Verein „Senia – Enthinderung der Sexualität von Menschen mit Behinderung“ war Mitorganisator der Fachtagung „Herausforderung Elternschaft – Über die Situation von Eltern mit geistiger oder psychischer Beeinträchtigung“ am 14. Mai 2009 im Schloss Puchberg/ Wels und setzt sich für eine Enttabuisierung des Themas

„Sexualität und Behinderung“ und für die Schaffung von Angeboten, damit Menschen mit Behinderung ihre Sexualität selbstbestimmt leben können, ein.[5]

3. Begriffsbestimmung

Bevor auf die Thematik „Elternschaft von Menschen mit geistiger Behinderung“ eingegangen werden kann, ist es notwendig, die dafür relevanten Begriffe zu definieren. Dabei werden die Bezeichnungen Behinderung und Beeinträchtigung synonym verwendet, wobei dem Begriff der Behinderung der Vorzug gegeben wurde, weil es der gebräuchliche Begriff in der Fachliteratur ist.
Als erstes erfolgt eine Definition des Begriffes „Menschen mit Behinderung“. Darauf folgt die Klärung der Begrifflichkeit „Menschen mit geistiger Behinderung“. Dann wird erläutert, warum in der vorliegenden Arbeit trotz einiger Bedenken von „Menschen mit geistiger Behinderung“ gesprochen wird. Als Abschluss dieses Kapitels wird der Begriff des „Kindeswohls“, welcher bei Elternschaften eine entscheidende Rolle spielt, definiert.

3.1 Menschen mit Behinderung

Als Menschen mit Behinderung gelten im Sinne des oberösterreichischen Chancengleichheitsgesetzes[6] jene

„Personen, die auf Grund körperlicher, geistiger, psychischer oder mehrfacher derartiger nicht vorwiegend altersbedingter Beeinträchtigungen in einem lebenswichtigen sozialen Beziehungsfeld, insbesondere im Zusammenhang mit ihrer Erziehung, ihrer Berufsbildung, ihrer Persönlichkeitsentwicklung und Persönlichkeitsentfaltung, ihrer Erwerbstätigkeit sowie ihrer Eingliederung in die Gesellschaft wegen wesentlicher Funktionsausfälle dauernd erheblich behindert sind oder bei denen in absehbarer Zeit mit dem Eintritt einer solchen Beeinträchtigung zu rechnen ist, insbesondere bei Kleinkindern.“

Die Weltgesundheitsorganisation (WHO) ging in der „International Classification of Impairments, Disabilities und Handicaps“ (=ICIDH) von 1980 von einer „*Dreigliedrigkeit*“ von Behinderung aus. So umfasste die ICIDH die *Schädigung (körperlich, z.B.* Blindheit*)*, die *Aktivitätsbeeinträchtigung (individuell,* z.B. sehbehinderte Menschen, die keine Schwarzschrift-Bücher lesen können*)* und die *Partizipationseinschränkung (gesellschaftlich,* z.B. gesellschaftliche Norm der oft nur visuell erfassbaren Beschriftung, die es Sehbehinderten erschwert, am Gesellschaftsleben teilzuhaben).[7]
Erheblich erweitert wurde 2001 die „International Classification of Functioning, Disability and Health“ (ICF) als Nachfolgerin der ICIDH verabschiedet. Als Behinderung wird darin jede „*Beeinträchtigung der Funktionsfähigkeit eines Menschen*“[8] verstanden. Funktionsfähigkeit meint mehrere Aspekte von Gesundheit. Neben den Körperfunktionen und -strukturen ist damit auch gemeint, dass die gleichen Aktivitäten gesetzt werden können, wie es Menschen ohne gesundheitliche Probleme möglich ist, und sie auch in allen Bereichen des Lebens in vollem Ausmaß teilhaben können (= Partizipation).[9]
Somit klassifiziert die ICF keine Person, sondern eine Situation von eingeschränkter Funktionsfähigkeit. Darin ist auch der Aspekt einer behindernden Umwelt inkludiert. Das bio-psycho-soziale Modell von Behinderung der ICF betont die Wechselbeziehung zwischen Funktionsfähigkeit und Umweltfaktoren.[10]

Besonders wichtig ist mir die Verwendung des Begriffes „**Menschen mit** Behinderung“, um diese Personen nicht auf die beschränkte Funktionsfähigkeit zu reduzieren, sondern damit zu betonen, dass es sich in erster Linie um Menschen handelt.

Aufbauend auf den Begriff „Menschen mit Behinderung“ wird im Folgenden die Personengruppe der „Menschen mit geistiger Behinderung“, die im Zentrum der gesamten Arbeit steht, definiert.

3.2 Menschen mit geistiger Behinderung

Otfried Spreen definiert geistige Behinderung wie folgt:

„Geistige Behinderung (Geistiges Zurückbleiben = mental retardation: Fußnote O. Spreen) bezieht sich auf signifikant unterdurchschnittliche intellektuelle Funktionen, die gleichzeitig mit Mängeln im Anpassungsverhalten existieren und die sich während des Entwicklungsalters manifestiert haben.“[11]

Signifikant unterdurchschnittliche intellektuelle Funktion meint eine starke Abweichung unter den IQ-Mittelwert von ca. 100. Gängig ist es, unterhalb eines IQ-Wertes von 70 von einer geistigen Behinderung zu sprechen.[12]

„Es geht nicht um die Beschreibung **anderer**, sondern **geringerer** Fähigkeiten und Fertigkeiten; es geht bei solchen Definitionen um Quantität, nicht um Qualität.“[13]

Definitionen zum Begriff „Menschen mit geistiger Behinderung“ kommen selten ohne Defizitaussagen aus. Die Abweichung von der Norm oder vom Durchschnitt steht meist im Zentrum. Manche dieser Defizite sind nicht abzustreiten, auch weil die Unterstützung darauf gründet; aber die Defizitorientierung kann den Blick trüben für andere Seiten, die der Mensch auch hat, und dafür, dass vermeintlich defizitäres Verhalten auch individuell und sinnvoll sein kann.[14]
Deshalb ist es wichtig, trotz der Defizite, die Menschen mit geistiger Behinderung ohne Zweifel aufweisen, den Fähigkeiten und Stärken ausreichend Beachtung zu schenken. Durch entsprechende Förderung können beeinträchtigte Funktionsfähigkeiten zum Teil ausgeglichen werden, besonders wenn die Ursache in der Umwelt gründet.

Nach Otto Speck hat eine geistige Behinderung nicht nur körperliche Ursachen, sondern wird auch durch die Umwelt beeinflusst: „Eine geistige Behinderung ist nicht mit deren biologisch- oder genetisch-pathologischen Grundlagen gleichzusetzen. Ihre individuelle Ausprägung ist wesentlich von der Sozialisation, vor allem von der pädagogischen Förderung und der sozialen Eingliederung abhängig. Umgekehrt sind geistige Behinderungen signifikant häufiger in sozial schwachen Milieus anzutreffen als in Familien mit einem höheren Bildungsniveau."[15]

3.3 Entscheidung für den Begriff „mit geistiger Behinderung"

In der vorliegenden Arbeit wurde der Begriff „Menschen mit geistiger Behinderung" gewählt anstatt z.B. „Menschen mit Lernschwierigkeiten", aus dem Grund, dass dies die gängige Bezeichnung in der deutschsprachigen Fachliteratur ist.
Laut Pixa-Kettner et. al. scheint der Begriff trotz seiner definitorischen Unschärfen sowohl unter Fachleuten als auch der Allgemeinbevölkerung verständlich zu sein. Menschen mit geistiger Behinderung unterscheiden sich zwar hinsichtlich ihrer Eigenschaften und Fähigkeiten, verfügen aber über die Gemeinsamkeit ihrer sozialen Rolle als unterstützungsbedürftige Menschen.[16]

Vielfach wollen Menschen mit geistiger Behinderung selbst nicht so genannt werden, weil in vielen Fällen damit eine Ausgrenzung und Absonderung aus der restlichen Gesellschaft einhergeht. Laut People-First-Bewegungen, z.B. „Mensch zuerst – Netzwerk People First Deutschland e.V.", wollen Menschen mit geistiger Behinderung nicht so genannt werden und bevorzugen die Bezeichnung „Menschen mit Lernschwierigkeiten"[17]. Dieser Begriff ist allerdings sehr unspezifisch und birgt auch gewisse Gefahren; etwa, dass darunter auch Menschen mit Legasthenie verstanden werden. Zum Teil wird darunter auch nur ein Teil der Menschen mit geistiger

Behinderung verstanden, nämlich der Personenkreis mit einer leichten geistigen Behinderung.

Mir ist durchaus bewusst, dass der Terminus der geistigen Behinderung häufig als diskriminierend empfunden wird, aber alleine eine Änderung der Bezeichnung kann an der gesellschaftlichen Situation der Betroffenen nichts ändern. Für den neuen, anfangs neutralen Begriff würde die Gefahr bestehen, mit der Zeit ein ebenso diskriminierender zu werden.[18]

Für den empirischen Teil der Arbeit wurde auf genaues Fragen nach Diagnosen oder gar auf eine Überprüfung der geistigen Behinderung auf Grundlage von IQ-Werten oder sonstigen Messverfahren der Menschen mit geistiger Behinderung verzichtet. Es war ausschlaggebend, dass sie als geistig behindert klassifiziert wurden und sich in einer Einrichtung für Menschen mit Behinderung befanden, also in einer solchen Institution gearbeitet und/ oder gewohnt haben.

Trotz einiger Bedenken wurde die Bezeichnung „Menschen mit geistiger Behinderung" für die vorliegende Arbeit gewählt. Der Begriff wird als stigmatisierend und diskriminierend erlebt, ist häufig geprägt von einer defizitorientierten Sicht und weist definitorische Unschärfen auf. Aber es ist die geläufige Bezeichnung, sowohl in der Fachliteratur als auch im alltäglichen Gebrauch. Außerdem bedarf es für eine Verbesserung der Situation von Menschen mit geistiger Behinderung keiner Änderung des Begriffes, sondern einer veränderten Einstellung in der Gesellschaft.

3.4 Kindeswohl

Das Kindeswohl ist rechtlich nicht klar definiert und daher ein unscharfer Begriff. Es gibt keine genaue Grenze, bis wohin das Kindeswohl noch gegeben ist und ab wann nicht mehr.

Im Österreichischen Recht wird der Begriff des Kindeswohles am ehesten in § 146 ABGB (= Allgemeines Bürgerliches Gesetzbuch) näher erläutert. Darin heißt es, dass die Pflege

„besonders die Wahrung des körperlichen Wohles und der Gesundheit sowie die unmittelbare Aufsicht, die Erziehung, besonders die Entfaltung der körperlichen, geistigen, seelischen und sittlichen Kräfte, die Förderung der Anlagen, Fähigkeiten, Neigungen und Entwicklungsmöglichkeiten des Kindes sowie dessen Ausbildung in Schule und Beruf“

umfasst. Es wird auch angemerkt, dass sich Pflege und Erziehung an die Lebensverhältnisse der Eltern anpassen.[19]

Dettenborn bezeichnet den Begriff als „definitorische Katastrophe“[20]. Folgende Gründe nennt er dafür:

- Das Kindeswohl ist Orientierungs- und Entscheidungsmaßstab in kindschaftsrechtlichen Belangen, aber es ist rechtlich nicht festgelegt, was genau darunter zu verstehen ist.
- Zwar ist das Kindeswohl ein Rechtsbegriff, aber er ist alleine rechtlich nicht zu fassen. Der Begriff übersteigt die eigenen Fachkompetenzen und auch die von anderen Disziplinen, wenn sie alleine stehen. Für eine angemessene Interpretation des Kindeswohles ist ein interdisziplinärer Bezug unerlässlich.
- Kindeswohl stellt keinen empirischen, beobachtbaren Begriff dar, sondern es handelt sich um ein theoretisches Gebilde. Für die praktische Verwendung sind aber erfahrungsgemäße, begreifbare Kriterien notwendig; so werden diese ohne profunde, ab-

gestufte Theorie aus dem Alltagsverständnis übernommen, mitsamt ihrer Widersprüche.[21]

In der Jugendwohlfahrt ist der Begriff „Kindeswohl“ ein ständig gebrauchter und trotz seiner Komplexität einer der zentralen Begriffe. Das Kindeswohl ist entscheidend für jede Diagnose, Entscheidung, Intervention und Kontrolle. Kindeswohl bedeutet nicht für jedes Kind das gleiche, weil auch jedes Kind unterschiedlich ist, auch in seinen körperlichen, psychischen, sozialen und materiellen Möglichkeiten und auch unter Berücksichtigung des sozialen Umfeldes und gesellschaftlichen Hintergrundes.[22]

Für Ostbomk-Fischer soll sich „das ‚Wohl des Kindes‘ am tatsächlichen Wohlergehen eines jeden kindlichen Individuums orientieren“, weil Kindeswohl nicht abstrakt ist.[23] Sie nennt vier Ebenen, um das Kindeswohl zu beleuchten:

- „Situativ: Das gegenwärtige Empfinden von positiven Gefühlen und Erfahrungen sowie Schutz vor Leid und Schäden;
- Kompensatorisch: Ausgleich/ Entschädigung für vergangene Entbehrung, Verletzung und Verunsicherung;
- Präventiv: (…) dieser Aspekt ist z.B. zentral bei der latenten Möglichkeit von sexuellen Übergriffen oder anderer Gefährdung durch Schaffen oder Begünstigen von Gelegenheiten;
- Innovativ: Bestmögliche Anregung für die zukünftige Entwicklung der Persönlichkeit.“[24]

Das Kindeswohl muss also auf mehreren inhaltlichen Ebenen betrachtet werden.

Kindeswohl wird im Alltag gerne mit Abwesenheit von Kindeswohlgefährdung beschrieben. Mit Kindeswohlgefährdung sind in erster

Linie Vernachlässigung, Misshandlung und Missbrauch des Kindes gemeint.

Die Kindeswohlgefährdung und die Gefahr eines Entwicklungsdefizites können durch gute Unterstützung stark vermindert werden. Aber in manchen Fällen kann das Kindeswohl tatsächlich nicht mehr gewährleistet werden und so ist dann eine Fremdplatzierung unausweichlich. Die Interessen des Kindes, sich gut zu entwickeln und gut behandelt zu werden, und das Interesse der Eltern, das Kind bei sich zu haben, müssen abgewogen werden.[25]

Der Jugendwohlfahrtsbehörde stehen Soziale Dienste und Maßnahmen der Erziehungshilfe als Handlungsalternativen zur Verfügung. Konkret reicht dabei der Spielraum von Beratung über Unterstützung der Erziehung bis zur vollen Erziehung.[26]
Die Entscheidung für die gelindeste, noch zum Ziel führende Maßnahme zur Sicherung des Kindeswohls wird von SozialarbeiterInnen nach umfassender Anamnese der Situation getroffen.[27]
Es gibt verschiedene Checklisten, die zur Überprüfung des Kindeswohls herangezogen werden. Dabei finden sowohl die Entwicklung und das Verhalten der Kinder als auch das Verhalten der Eltern(teile) Beachtung. Neben Aspekten zum Sozialverhalten werden auch die verstandesmäßige und körperliche Entwicklung sowie die gefühlsmäßige Ebene in Augenschein genommen.[28]

Nachdem an dieser Stelle die wichtigsten Begriffe definiert sind, wird im Folgenden auf den Wunsch von Frauen und Männern mit geistiger Behinderung nach einem Kind eingegangen.

4. Kinderwunsch

Nach der Lebenszyklustheorie von Erikson entsteht bei allen Menschen bis längstens 35 Jahren ein Kinderwunsch. So auch bei Menschen mit geistiger Behinderung.[29]
Walter geht davon aus, dass der Kinderwunsch von Menschen mit geistiger Behinderung unerfüllt bleiben muss, weil:
„Ohne diese vorangehende Identitätsklärung [Akzeptanz der eigenen Behinderung] wird es nur sehr schwer möglich sein, den nächsten Entwicklungsschritt zu bewältigen und die Lebensperspektive eines Erwachsenen ohne Elternschaft bejahen zu lernen."[30]

Nach dem Argument, dass eine Erfüllung dieses Wunsches zu Lasten des Kindes wäre, ergänzt Walter auch zum Wohl der Mutter:

„Nach Krebs ist zudem zu prüfen, ob unter medizinischem [...] sowie psychosozialem Aspekt eine Schwangerschaft überhaupt vertretbar ist. Denn ‚nur begrenzt kann erwartet werden, dass geistig wie seelisch die Gravidität (= Schwangerschaft, d. Verf.) ein positives Erlebnis darstellen wird' [...]. Und selbst wenn die behinderte Frau in der Lage ist, das Kind auszutragen, so wäre es ‚eine psychisch unzumutbare Belastung, ihr das Kind direkt bei der Geburt oder im Laufe des ersten Lebensjahres fortzunehmen'."[31]

Diesen Bedenken entgegen steht u.a. das Recht auf Selbstbestimmung. In den Betheler Arbeitstexten steht diesbezüglich Folgendes:

„Es stellt sich im Grunde nicht die Frage, ob Menschen mit geistiger Behinderung, die ihre Sexualität leben und Partnerschaften entwikkeln, eigene Kinder und Familien haben dürfen [...]. Der ethischen und rechtlichen Legitimation bedarf es vielmehr umgekehrt, wenn jemand anderes [...] meint, sie bzw. er müsse verhindernd oder reglementierend eingreifen, wenn der betreffende behinderte Mensch seine Möglichkeiten, sexuelle Beziehungen zu haben, sich auf eine Partnerschaft einzulassen, eine Familie zu gründen, auch zu realisieren versucht."[32]

Das Recht und die Möglichkeit, Kinder zu bekommen, sollte Menschen mit Behinderung nicht grundsätzlich abgesprochen werden. Aber natürlich darf auch das Kind nicht vergessen werden. Dieses Kind und seine Bedürfnisse sollten sowohl bei Überlegungen in Richtung Kinderwunsch, und besonders auch, wenn dieser Wunsch realisiert wurde, immer wieder betrachtet werden.[33]

„Eine selbstbestimmte Entscheidung in Bezug auf den Kinderwunsch zu fällen heißt [...], dass man eine Vorstellung davon hat, was es bedeutet oder bedeuten kann, Vater oder Mutter zu werden."[34]

Die Frauen und Männer mit geistiger Behinderung, die sich ein Kind wünschen, sollten dazu etwa über die Bedürfnisse der Kinder aufgeklärt werden. Auch die Veränderungen, die eine Elternschaft für die Person selbst und für die Beziehung zum Partner bedeuten kann, sollten thematisiert werden. Gesprochen werden sollte auch darüber, ob Unterstützung nötig wird, und in welcher Form diese geleistet werden kann.[35]

Vielfach wird vermutet, dass ein Zusammenhang zwischen den Motiven für einen Kinderwunsch und der Behinderung besteht. Solche Motive könnten z.B. folgende sein:

- „Um eine Familie darzustellen
- für etwas wichtig sein im Leben
- sich irgendwo nützlich machen können
- sich durch ein Kind als Frau bestätigt fühlen, den Beweis der Normalität erbringen
- die Beziehung zu den eigenen Eltern verbessern, ihnen beweisen, dass sie selbst etwas wert sind, dass sie nun auch erwachsen sind
- um wenigstens auf einem Gebiet gut zu sein"[36]
- „... als Wunsch nach Zuwendung
- [...] als Ausdruck von Konformität
- der Wunsch nach Lebensbereicherung"[37]

Betrachtet man diese Motive allerdings genauer, zeigt sich, wie wenig spezifisch sie für Menschen mit geistiger Behinderung sind. Denn in unterschiedlicher Ausprägung kommen sie genauso bei Menschen ohne Behinderung vor.[38] Aber manche der Motive haben sicher bei Menschen mit Behinderung eine stärkere Bedeutung als bei Menschen ohne Behinderung; zum Beispiel der Wunsch nach einem Kind als Wunsch nach Normalität.

„Überhaupt erfahren die Motive behinderter Frauen eine ungleich kritischere Hinterfragung, als dies bei nicht behinderten Frauen der Fall ist. Während sich nicht behinderte Frauen tendenziell dafür rechtfertigen müssen, wenn sie sich **kein** Kind wünschen, müssen sich geistig behinderte Frauen rechtfertigen, **wenn** sie sich ein Kind wünschen.“[39]

Das Thema Kinderwunsch wird gerne ausgeklammert, um erstens diesen Wunsch bei Menschen mit geistiger Behinderung nicht zu wecken, und zweitens, um das gesellschaftlich normierte Bild und damit die Erwartungen der Gesellschaft an Menschen mit geistiger Behinderung nicht zu stören. Allerdings sollte auf den Kinderwunsch eingegangen werden, weil es möglicherweise in direkter oder indirekter Form immer ein Thema ist, aber von den Betroffenen nicht darüber gesprochen wird. Eventuell deshalb nicht, weil ihnen die Ablehnung ihrer Umgebung bewusst ist.[40]

Von Pixa-Kettner et. al. wurde ein Verfahren mit dem Arbeitstitel *„Kinderwunschspiel“*[41] entwickelt, mit dessen Hilfe die Kommunikation zum Thema Kinderwunsch erleichtert werden soll. Bei diesem „Spiel“ stehen verschiedene Motive für und Aussagen bezüglich Elternschaft (z.B. „Wenn ich ein Kind habe, bin ich etwas Besonderes“, „Kinder machen viel Arbeit“ und „Wenn man ein Kind hat, bekommt man eine eigene Wohnung“) auf je einem Kärtchen. Die Aussagen sind möglichst einfach und kurz formuliert. Zur Erleichterung der Verständlichkeit sind die Kärtchen zusätzlich mit passenden Bildern versehen. Um die TeilnehmerInnen in keine Rich-

tung zu drängen und um offen über die Phantasien und Wünsche sprechen zu können, sind neben positiven auch negative und neutrale Aussagen zur Elternschaft enthalten. Von Pixa-Kettner et. al. wurden 36 solcher Kärtchen zusammengestellt; es ist auf einfache Weise möglich, diesen selbst weitere hinzuzufügen.
Zum Spielverlauf: Die TeilnehmerInnen nehmen sich reihum je ein Kärtchen, lesen die Aussage vor (oder lassen vorlesen) und entscheiden sich dann, ob sie dieser Aussage bzw. diesem Motiv zustimmen, nicht zustimmen oder vielleicht zustimmen, und legen die Karte auf die entsprechende vorbereitete Unterlage. Dabei gibt es keine richtigen oder falschen Antworten. Sind alle Kärtchen vergeben, können die Stapel nochmals durchgegangen und somit diskutiert und reflektiert werden.
Das „Kinderwunschspiel" dient als Kommunikationshilfe, um überhaupt über dieses Thema zu sprechen, bzw. ist es eine Möglichkeit, in ein solches Gespräch zu starten. Ziel ist es, ein möglichst offenes Gespräch über Ideen und Wünsche in Bezug auf ein eigenes Kind zu ermöglichen und auch ein Abwägen von Vor- und Nachteilen zum Leben mit einem eigenen Kind anzuregen.
Nach Meinung der Entwicklerinnen ist für den erfolgreichen Einsatz neben Offenheit und Toleranz auch eine Beschäftigung mit den eigenen Wertorientierungen für das Fachpersonal unumgänglich.

Bezüglich des Kinderwunsches wurde auch bei den Interviews in den Einrichtungen der Behindertenhilfe in OÖ nachgefragt.
In einer der befragten Einrichtungen wurden Kriterien aufgestellt, an Hand derer entschieden wird, wie mit diesem Wunsch umgegangen, ob die Umsetzung befürwortet oder eher versucht wird, diese zu verhindern.[42]

Diese Kriterien sind, dass

- „die Motivation dazu [...] vorhanden [ist]
- die Elternteile zur Mitarbeit bereit und in der Lage sind
- anfangs und so lange notwendig die Pflege und Versorgung des Kindes durch Fachpersonal sichergestellt ist
- die Eltern akzeptieren, dass sie bei der Versorgung und Erziehung unterstützt werden
- die Eltern nach einer gewissen Lernphase die Bedürfnisse der Kinder einschätzen und darauf angemessen reagieren können und die eigenen Interessen zumindest teilweise zurückstellen [...]
- die Eltern dem Kind die emotionale Zuwendung geben können
- durch die Hilfe von Betreuern oder Angehörigen eine Überforderung der Eltern vermieden und dadurch das Kindeswohl gesichert werden kann“.[43]

Die befragte Person hat selbst kritisch geäußert, dass die Kriterien möglicherweise etwas hoch angesetzt wurden, weil dabei zum Teil von Menschen mit Behinderung mehr verlangt wird, als auch andere Eltern ohne Behinderung an Kriterien erfüllen. Dadurch, dass diese möglicherweise etwas zu hoch angesetzt wurden, kam es in dieser Einrichtung auch noch zu keiner Umsetzung des Kinderwunsches von Personen mit geistiger Behinderung.[44]

Der Wunsch nach einem eigenen Kind von Frauen und Männern mit geistiger Behinderung wird kontrovers diskutiert. Dem Recht auf Selbstbestimmung und dem Wunsch nach Normalität stehen u.a. medizinische Bedenken und eine sehr kritische Betrachtung der Kinderwunschmotive (z.B. der „Wunsch nach einem Kind als Beweis der Normalität“) gegenüber. Eine Kommunikationshilfe, um über die Kinderwunschmotive zu sprechen, stellt das so genannte „Kinderwunschspiel“ dar. Oft wird der Wunsch von Menschen mit geistiger Behinderung nach einem Kind nicht gut geheißen. Es gibt verschiedene Möglichkeiten, zu verhindern, dass es zu Elternschaften dieser Personengruppe kommt. Auf diese Möglichkeiten bzw. Praktiken wird im folgenden Kapitel näher eingegangen.

5. Verhinderung von Elternschaften

In diesem Kapitel werden Empfängnisverhütung, Sterilisation und Schwangerschaftsabbruch als Formen, um Elternschaft von Menschen mit geistiger Behinderung zu verhindern, kurz vorgestellt.

Nach Bargfrede waren bzw. sind
„Sterilisation, Abtreibung oder Wegnahme des Kindes [...] gängige Praxis, um zu verhindern, dass geistig behinderte(sic!) Menschen ein Kind zur Welt bringen und für dieses Eltern sind“.[45]

5.1 Empfängnisverhütung

Die Verantwortung für die Verhütung liegt, wie auch bei Nichtbehinderten, fast ausschließlich bei der Frau. Denn als Verhütungsmittel für Männer gibt es derzeit lediglich Kondome und die Sterilisation. Kondome spielen aber in der Praxis in Wohneinrichtungen der Behindertenhilfe kaum eine Rolle. Dies liegt wahrscheinlich am relativ schwierigen Gebrauch und daran, dass die Handhabung sorgfältig eingeübt werden müsste. Sehr ähnliche Gründe sind es, die einen Einsatz der natürlichen Methoden (z.B.: Basaltemperaturmessung, Cervixschleimüberprüfung) bei Frauen mit geistiger Behinderung verhindern.[46]

Geeignete Verhütungsmethoden für Frauen mit geistiger Behinderung sind laut Achilles: die Pille, die Mini-Pille, das Hormonstäbchen, die Dreimonatsspritze, der Vaginalring („NuvaRing“), das Verhütungspflaster, die Hormonspirale, die Spirale, Samen tötende Cremes, Zäpfchen, Schaumpräparate und die „Pille danach“ als so genannte Notbremse.[47]

„Sowohl bei der Möglichkeit zu verhüten als auch nicht zu verhüten handelt es sich um einen Aspekt der sexuellen Selbstbestimmung der Bewohnerinnen und Bewohner, der in der Praxis gehandhabt werden muss.“[48]

Wie in den Einrichtungen der Behindertenhilfe in OÖ mit dem Thema Empfängnisverhütung umgegangen wird, wird im empirischen Teil der vorliegenden Arbeit in Kapitel 7.5 näher erläutert.

5.2 Sterilisation

Nach FERRARES war es bis ca. 1990 durchaus üblich, Mädchen mit geistiger Behinderung bereits als Jugendliche sterilisieren zu lassen. In manchen Einrichtungen wurden sie ohne diese Voraussetzung nicht einmal aufgenommen.[49] Gründe für die Sterilisation an Stelle von anderen Verhütungsmethoden waren die Sicherheit/ Zuverlässigkeit der Methode, dass sich weitere Kontrollen und Diskussionen erübrigen, und auch die Ansicht, dass so den Betroffenen eine unbeschwerte Sexualität ermöglicht würde. Diese gängige Praxis fand damals in einer rechtlichen Grauzone statt.[50]

In einer 1977 durchgeführten Befragung befürworteten laut Walter *„46 % bzw. 237 Mitarbeiter Sterilisation bei Geistigbehinderten als ‚grundsätzlich beste Empfängnisverhütung‘“*[51], als sie gefragt wurden: „W*ie stehen Sie zur Sterilisation bei Geistigbehinderten?*“[52]
Bei der Frage „*Wenn Sie Geistigbehinderten Geschlechtsverkehr zugestehen, welcher Art sollte die Empfängnisverhütung am sinnvollsten sein?*“[53] nannten allerdings „nur“ 18 % die Sterilisation. Dies hängt vermutlich mit den vier Alternativmöglichkeiten zusammen.[54] Die Alternativen waren folgende: „Ich bin gegen Geschlechtsverkehr Geistigbehinderter“, „Kondom/ Präservativ“, „Spirale/ Intra-Uterin-Pessar“ sowie „Pille/ Ovulationshemmer/ Dreimonatsspritze“[55].

In Österreich war die Sterilisation bis 2001 lediglich im Strafgesetzbuch geregelt, und zwar in § 84: schwere Körperverletzung bzw. § 87: absichtlich schwere Körperverletzung. Eine spezielle Regelung zur Sterilisation existiert in Zusammenhang mit der Einwilligung der Verletzten in § 90 Abs. 2.
„Die von einem Arzt an einer Person mit deren Einwilligung vorgenommene Sterilisation ist nicht rechtswidrig, wenn entweder die Person bereits das 25. Lebensjahr vollendet hat oder der Eingriff aus anderen Gründen nicht gegen die guten Sitten verstößt.“[56]

Die Verhinderung von Elternschaften von Menschen mit geistiger Behinderung und damit auch die Sterilisation dieser Personengruppe entsprach lange Zeit den „guten Sitten“.

Durch das Kindschaftsrechts-Änderungsgesetz erfolgte ab 1. 7. 2001 u. a. folgende Änderung im ABGB, wo es nun unter § 146d lautet:

„Weder ein minderjähriges Kind noch die Eltern können in eine medizinische Maßnahme, die eine dauernde Fortpflanzungsunfähigkeit des minderjährigen Kindes zum Ziel hat, einwilligen.“[57]

Damit soll sichergestellt sein, dass eine Sterilisation nicht vor der Volljährigkeit der Betroffenen durchgeführt wird.

Eine Sterilisation darf nur unter der Voraussetzung der persönlichen Zustimmung des/r Betroffenen durchgeführt werden. Eine Ausnahme liegt laut § 283 ABGB bei der Bestellung eines Sachwalters vor, wobei enge Grenzen definiert wurden, bei der eine eventuelle ersatzweise Zustimmung mit Zustimmung des Pflegschaftsgerichtes erfolgen kann.

Praktisch kommt es seit der Änderung der gesetzlichen Bestimmungen *„zwar immer noch vereinzelt zu Sterilisationen unter fragwürdigen Umständen, da dies häufig als einzige sichere*

Verhütungsmethode angesehen wird, aber die Zahl der Sterilisationen ist seither doch deutlich zurückgegangen".[58]

In Richtung Sterilisation sollte erst überlegt werden, wenn

- die betroffene Person die Folgen versteht und mit diesen einverstanden ist,
- alle in Frage kommenden Verhütungsmethoden für längere Zeit ausprobiert wurden und sich als nicht praktikabel erwiesen haben,
- sicher ist, dass die betreffende Person überhaupt Geschlechtsverkehr haben will und/ oder aktuell eine entsprechende Beziehung lebt.[59]

5.3 Schwangerschaftsabbruch

In der bereits in Kapitel 5.2 erwähnten Studie von WALTER, durchgeführt 1977, sprachen sich 57,5 % der Befragten für eine Abtreibung im Falle einer Schwangerschaft eines Mädchens mit geistiger Behinderung von einem ebenfalls geistig behinderten Burschen bzw. Mann aus.[60]
Hierzu wäre es interessant zu wissen, ob die Formulierung „einer Frau mit geistiger Behinderung" den Prozentsatz der Abtreibungsbefürworter verändert hätte. Möglicherweise sprachen sich nicht alle 57,5 % auf Grund der geistigen Behinderung für eine Abtreibung aus, sondern deshalb, weil ein weiteres, eventuell zur Überforderung beitragendes Kriterium in der Frage steckte, nämlich die Minderjährigkeit.

„Nach Friske müssen – im Gegensatz zu nicht behinderten Frauen – Frauen mit geistiger Behinderung darum kämpfen, ‚dass ihre Schwangerschaft nicht abgebrochen wird. Sie werden häufig regelrecht zu einer Abtreibung gedrängt. Was bei nicht behinderten

Frauen nur in genau umgrenzten Ausnahmen erlaubt ist, wird bei Frauen mit geistiger Behinderung zur gesellschaftlichen Notwendigkeit deklariert.‘“[61]

Laut der 1996 veröffentlichten Studie von Pixa-Kettner et. al. lehnten elf von 27 befragten Einrichtungen Elternschaften von Menschen mit geistiger Behinderung ab. Von drei Fachkräften wurde „sehr deutlich mitgeteilt, dass im Falle einer eingetretenen Schwangerschaft ‚*sicherlich auf einen Abbruch hingewirkt werden*‘ würde.“[62]

Eine meiner Interviewpartnerinnen äußerte sich zum Thema Abtreibung wie folgt:

„Also gerade in den 80er Jahren war […] das eine gängige Methode, möchte man schon fast sagen. Das ginge heute nicht mehr, […] auf keinen Fall mehr so einfach, aber früher war das Gang und Gebe in ganz Europa.“[63]

6. Rechtliche Rahmenbedingungen

Häufig wird beim Thema Elternschaft gefragt: „Dürfen Menschen mit geistiger Behinderung überhaupt Eltern werden?“[64] Um dieser Frage nachzugehen, werden im Folgenden einige Rechtsquellen in Bezug auf diese Thematik betrachtet. Dabei finden sowohl weltweit geltende Rechte (Menschenrechte, etc.) als auch nationale Rechte Beachtung.

6.1 Menschenrechte

Laut Artikel 2 (Allgemeine Erklärung der Menschenrechte) hat jeder u.a. ein „Recht auf Leben“. Von diesem Recht sind auch Menschen mit geistiger Behinderung nicht ausgenommen, daher wäre es unzulässig, Elternschaften von Menschen mit geistiger Behinderung auf Grund einer befürchteten Behinderung des Kindes abzulehnen.

„Niemand darf willkürlichen Eingriffen in sein Privatleben, seine Familie […] ausgesetzt werden.“

heißt es in Artikel 12 der allgemeinen Erklärung der Menschenrechte. Dieses Recht könnte etwa verletzt werden, wenn den Eltern oder dem Elternteil das Sorgerecht lediglich auf Grund der elterlichen Behinderung entzogen wird.
So kam es im Jahr 2002 in Deutschland dazu, dass eine Frau, der das Sorgerecht für ihr Kind bereits vor der Geburt wegen zu geringer Intelligenz entzogen worden war, nach fünf Jahren Kampf vom Europäischen Gerichtshof für Menschenrechte Recht bekam.[65]

In Artikel 16 wird allen heiratsfähigen Personen ein Recht auf Eheschließung und Familiengründung zugesichert, somit auch Menschen mit Behinderung.
Jedoch gibt es dazu im Eherecht die Einschränkung, dass beschränkt Geschäftsfähigen, z.B. unter Sachwalterschaft stehenden Personen, die Ehegeschäftsfähigkeit fehlt. Diese benötigen für eine gültige Eheschließung eine Einwilligung des Sachwalters oder ersatzweise des Gerichtes.[66]

Die Menschenrechte schränken Personen mit geistiger Behinderung nicht ein in ihrem Recht, eine Familie zu gründen und auch Kinder zu bekommen.

Explizit für Menschen mit Behinderungen gibt es die „UN-Konvention über die Rechte von Menschen mit Behinderungen". Auf einen besonders relevanten Artikel zu dieser Thematik wird im Folgenden näher eingegangen.

6.2 UN-Behindertenrechtskonvention

Dass ein Recht auf Elternschaft explizit auch für Menschen mit Behinderung gilt, ist nur in der „UN-Konvention über die Rechte von Menschen mit Behinderungen" im Artikel 23: „Achtung der Wohnung und der Familie" festgeschrieben:

„Die Vertragsstaaten treffen wirksame und geeignete Maßnahmen zur Beseitigung der Diskriminierung von Menschen mit Behinderungen [...], um zu gewährleisten, dass [...] das Recht von Menschen mit Behinderungen auf freie und verantwortungsbewusste Entscheidung über die Anzahl ihrer Kinder und die Geburtenabstände sowie auf Zugang zu altersgemäßer Information sowie Aufklärung über Fortpflanzung und Familienplanung anerkannt wird und ihnen die notwendigen Mittel zur Ausübung dieser Rechte zur Verfügung gestellt werden; [...] Die Vertragsstaaten unterstützen Menschen mit Behinderungen in angemessener Weise bei der Wahrnehmung ihrer elterlichen Verantwortung.“[67]

Die UN-Konvention über die Rechte der Menschen mit Behinderung wurde von Österreich im Jahr 2008 ratifiziert; jedoch ist Österreich in diesem Punkt in der Umsetzung noch nicht sehr fortgeschritten, weil es keine spezifischen Unterstützungsangebote für geistig behinderte Eltern und ihre Kinder gibt.

6.3 UN-Kinderrechtskonvention

In der UN-Konvention über die Rechte des Kindes ist in Artikel 3 festgelegt, dass bei allen Kinder betreffenden Maßnahmen das Kindeswohl vorrangig ist. Allerdings bietet der Artikel kaum eine Entscheidungshilfe, wann das Kindeswohl noch bzw. nicht mehr gewährleistet ist, also auch nicht in der Frage, ob das Zusammenleben mit Eltern(teilen) mit geistiger Behinderung für die Kinder eine Gefährdung des Kindeswohles darstellt oder zum Wohle der Kinder ist.

Nach Artikel 6 haben die Vertragsstaaten möglichst das Überleben und die Entwicklung des Kindes sicherzustellen. Dies könnte einerseits so verstanden werden, dass zum größtmöglichen Schutz des Kindes eine Elternschaft von geistig behinderten Menschen abzulehnen ist; andererseits könnte aber auch gesagt werden, dass den Eltern(teilen) Unterstützung zusteht, sodass ein Zusammenleben ermöglicht wird, welches keine Gefahr für Überleben und Entwicklung des Kindes darstellt.

Kinder haben nach Artikel 7 (1.) – mit der Einschränkung „so weit möglich“ – ein Recht darauf, ihre Eltern zu kennen, und auch auf die Betreuung durch diese. Die Autorin geht davon aus, dass diesem Recht im Falle von Elternschaften von Menschen mit geistiger

Behinderung häufiger entsprochen werden könnte, wenn es auch spezifische Betreuungsangebote für diese Klientel mit Kindern gäbe. Eine der Interviewpartnerinnen berichtete von einem Fall, „*wobei das Jugendamt von vornherein gesagt hat, das Kind kommt sowieso weg, und es muss eine 24-Stunden-Betreuung sein, dass die Mutter das Kind halten kann, nur gibt es das nicht in Österreich.*“[68]

Auch Artikel 9 (1.) soll sicherstellen,

„dass ein Kind nicht gegen den Willen seiner Eltern von diesen getrennt wird, es sei denn, [...] dass diese Trennung zum Wohle des Kindes notwendig ist.“

Dabei ist, wie bereits zuvor erwähnt, die Frage zu stellen, ob durch entsprechende Betreuung das Kindeswohl gesichert und so eine Trennung von Eltern(teil) und Kind verhindert werden könnte.

Dementsprechend steht in Artikel 18, dass vorrangig die Eltern „*für die Erziehung und Entwicklung des Kindes*“ zuständig sind und von den Vertragsstaaten durch „*den Ausbau von Institutionen, Einrichtungen und Diensten für die Betreuung von Kindern*“ unterstützt werden sollen.

6.4 Alimentationspflicht der Großeltern

Die Unterhaltspflicht von Großeltern ist geregelt in ABGB § 141. Die Großeltern sind anteilig unterhaltspflichtig für Enkel, wenn beide Eltern mittellos und erwerbsunfähig (teilerwerbsunfähig) sind und auch nicht „angespannt“ werden können.[69]

„Anspannung“ meint, dass der Unterhaltspflichtige verpflichtet ist,

„im Interesse seiner Kinder **alle persönlichen Fähigkeiten**, insb. seine Arbeitskraft, **so gut wie möglich einzusetzen**. Tut er dies nicht, wird er so behandelt, als bezöge er Einkünfte, die er bei **zumutbarer Erwerbstätigkeit** hätte erzielen können.“[70]

Anteilig meint, dass es zwischen den vier Großelternteilen keine Reihenfolge gibt, sondern dass sie anteilsmäßig zum Unterhalt des Enkelkindes beizutragen haben. Die Unterhaltspflichten der Eltern (§ 140 ABGB) und der Großeltern können auch gleichzeitig zum Tragen kommen.[71]

Diese gesetzliche Regelung trägt möglicherweise dazu bei, dass eine Elternschaft von Menschen mit geistiger Behinderung von deren Eltern abgelehnt wird.

Aus den oben angeführten rechtlichen Rahmenbedingungen ergibt sich meiner Ansicht nach als Antwort auf die eingangs gestellte Frage: „Dürfen Menschen mit geistiger Behinderung Eltern werden?“ ein klares Ja. Menschen mit geistiger Behinderung dürfen nicht auf Grund ihrer Behinderung diskriminiert werden. Die Absprache ihres Rechtes auf Kinder, bzw. des Rechtes, ihre Kinder selbst zu betreuen, stellt, wenn dies nur auf Grund einer geistigen Behinderung passiert, eine Rechtsverletzung dar.

Selbstverständlich darf dabei die Achtung des Kindeswohls keinesfalls außer Acht gelassen werden. Zu den rechtlichen Rahmenbedingungen gehören aus diesem Grund auch das Jugendwohlfahrtsrecht, Teile des ABGB und weitere mehr. Diese werden aber an dieser Stelle nicht näher an- und ausgeführt, weil dies den Rahmen sprengen würde und darin auch keine Gesetze enthalten sind, die sich speziell auf Eltern mit geistiger Behinderung beziehen.

Wenn es zu einer Gefährdung des Kindeswohles kommt, sind die Rechte der Eltern in Hinblick auf die Versorgung ihrer Kinder als nachrangig anzusehen. Allerdings gilt es bei Eltern mit geistiger Behinderung zu beachten, dass durch entsprechende Unterstützung Beides möglich sein sollte. Dazu ist in der UN-Behindertenrechtskonvention festgeschrieben, dass sich die Vertragsstaaten zu einer angemessenen Unterstützungsleistung verpflichten.

7. Empirischer Teil – Situation in Oberösterreich

Nachfolgend findet sich die Auswertung der Interviews zu den Fragen:

- Wie relevant sind die Themen Kinderwunsch und Elternschaft in den Einrichtungen? (Kapitel 7.1 Relevanz)
- Wie viele Elternschaften sind bekannt? Leben die Eltern mit geistiger Behinderung mit den Kindern zusammen? Wer hat die Obsorge für die Kinder? (Kapitel 7.2 Anzahl der Elternschaften)
- Welche Gründe werden dafür vermutet, dass es in einigen Einrichtungen keine Elternschaften gibt? (Kapitel 7.3 Gründe für wenige Elternschaften)
- Gibt es in den Einrichtungen Regelungen für den Fall, dass eine Schwangerschaft eintritt? (Kapitel 7.4 Regelungen im Fall einer Schwangerschaft)
- Gibt es Regelungen in Bezug auf Verhütung? (Kapitel 7.5 Regelungen betreffend Verhütung)
- Welche rechtlichen Rahmenbedingungen sind betreffend Elternschaft bekannt? (Kapitel 7.6 Rechtliche Rahmenbedingungen)
- Wie stehen die Einrichtungen zur Elternschaft von Menschen mit geistiger Behinderung? (Kapitel 7.7 Einstellung zur Elternschaft)
- Welche Unterstützungsmöglichkeiten haben die Einrichtungen für diese Gruppe von Eltern bzw. welche Möglichkeiten der Unterstützung kennen Sie in Oberösterreich? (Kapitel 7.8 Unterstützungsmöglichkeiten)
- Vermuten die Experten Bedarf nach speziellen Angeboten für Eltern mit geistiger Behinderung? (Kapitel 7.9 Einschätzung des Bedarfes nach speziellen Angeboten)
- Zum Abschluss (Kapitel 7.10 Zusätzliche Anmerkungen) werden weitere ausgewählte Aussagen angeführt.

7.1 Relevanz

Für zwei der befragten ExpertInnen aus den Einrichtungen der Behindertenhilfe ist das Thema in ihrer Arbeit sehr relevant, sie sind immer wieder mit Elternschaften konfrontiert.[72] Für zwei weitere ist vor allem der Kinderwunsch von KlientInnen mit geistiger Behinderung in Einzelfällen doch immer wieder von Bedeutung.[73] Und für weitere zwei ExpertInnen ist das Thema in der aktuellen Arbeit nicht relevant; im größeren Zusammenhang ist es aber durchaus ein Thema, das auch interessiert.[74]
Eine andere Mitarbeiterin äußerte sich dazu differenziert:
„*Man kann das nicht so quer jetzt sagen, dass das für 1.200 Menschen* (Anzahl der betreuten Personen in der gesamten Einrichtung, d. Verf.) *ein Thema ist. Es ist eher für eine kleine Gruppe, und da merkt man sehr wohl auch den Behinderungsgrad.*“[75]

Die Einschätzung, dass es lediglich für eine kleine Gruppe von Betreuten ein Thema ist und der Grad der Einschränkung von Bedeutung ist, wird durch die Befragung durchaus bestätigt. Umso selbständiger die Menschen der befragten Einrichtung sind, desto mehr Elternschaften sind dort bekannt.
Drei der sieben befragten Einrichtungen konnten von Elternschaften von Personen mit geistiger Behinderung berichten. Zwei davon betreuen allgemein selbständigere Personen[76] und in der dritten Einrichtung wurde angemerkt, dass das Thema fast nur in der mobilen Wohnbetreuung von Bedeutung ist, wo eher selbständigere KlientInnen betreut werden[77].

Auch für Frau Mag.[a] Hackl hat das Thema eine gewisse Relevanz. Es ist in der Abteilung Soziales ein Thema und in seltenen Fällen erfolgt eine Kontaktaufnahme durch eine Einrichtung der Behindertenhilfe oder durch die Jugendwohlfahrt, wenn das Kindeswohl gefährdet ist und es sich bei den Eltern(teilen) um Menschen mit geistiger Behinderung handelt, die aber noch keine Leistung nach dem ChG in Anspruch nehmen. Gemeinsam wird dann überlegt, was in diesem Fall möglich ist.[78]

7.2 Anzahl von Elternschaften

Insgesamt werden in den sieben befragten Institutionen zirka 3.900 Personen mit geistiger Behinderung betreut.
Die Mitarbeiterinnen der drei Einrichtungen, die von Elternschaften berichten konnten, gaben in Summe ein Minimum von 29 Fällen von Elternschaft geistig behinderter Menschen an.[79] Von mindestens 29 Fällen wird gesprochen, weil einmal 15 bis 20 Elternschaften angegeben wurden und in diesem Fall die Zahl von 15 Elternschaften in die Auswertung eingeflossen ist.
Zusätzlich berichtete eine andere Interviewpartnerin von, im letzten Jahr, zwei Anfragen an ihre Einrichtung wegen gemeinsamer Betreuung von Mutter und Kind, die aber leider abgelehnt werden mussten.[80] Diese zwei Anfragen müssen aber die Zahl von mindestens 29 Elternschaften nicht zwangsläufig erhöhen, auch wenn die Wahrscheinlichkeit dafür sehr hoch ist, weil diese eventuell in einer der anderen befragten Einrichtungen sind bzw. waren und somit schon gezählt wurden, oder es sich möglicherweise um Anfragen aus einem anderen Bundesland handelt.

Zum Verhältnis, wie viele der Kinder bei ihren Eltern mit geistiger Behinderung leben und wie viele abgenommen bzw. weggegeben wurden, sagte eine Expertin Folgendes:
„*Ja, ich glaube, es sind […] die Eltern mehr wo die Kinder weggenommen als bei ihnen geblieben sind. Oder sagen wir ausgewogen, weil da hat sich in den letzten Jahren doch ein bisschen etwas getan auch.*“[81]

Nach ihrer Aussage erfolgte die Abnahme der Kinder zu unterschiedlichen Zeitpunkten, teilweise im ersten Lebensjahr des Kindes,
„aber meistens dann so, wenn sie in den Kindergarten kommen, wenn nochmal eine Institution dazu sieht, ja, und vielleicht sagt ‚um Gottes Willen, da wird etwas falsch gemacht, das Kind entwickelt sich nicht richtig'.“[82]

Allerdings ist dieses Verhältnis zwischen Trennung von und Verbleib bei den Eltern(teilen) in den drei Einrichtungen, die über Elternschaften berichteten, sehr unterschiedlich.

In der zweiten Einrichtung, die von neun Fällen von Elternschaft berichten konnte, wurde mitgeteilt, dass es in keinem der Fälle zu einer Kindesabnahme kam. Einer Mutter drohte die Abnahme, doch durch erfolgreiche Suche nach einer 24-Stunden-Betreuung, die in einem anderen Bundesland gefunden wurde, konnte eine Trennung verhindert werden. In einem Fall liegt zwar die Obsorge für das Kind bei der Großmutter, aber das Kind lebt bei der Mutter. Bei den restlichen sieben Elternschaften, die in dieser Einrichtung bekannt sind, erfolgt die Betreuung durch die Eltern(teile) und auch die Obsorge liegt bei diesen. Anzumerken ist dabei, dass alle Kinder von Eltern mit geistiger Behinderung, die dieser Expertin bekannt sind, noch sehr jung sind – das älteste ist drei Jahre alt.[83]

Für die dritte Expertin, die sich dazu äußern konnte, stellt sich die Situation wiederum anders dar. Bei fünf geschilderten Fällen aus den letzten 15 Jahren wird keines der Kinder von den Eltern(teilen) (hauptverantwortlich) betreut. Ein Kind ist in einer Pflegefamilie und die restlichen vier Kinder werden von Großeltern bzw. Großmüttern versorgt, auch wenn sie gemeinsam mit der Mutter mit geistiger Behinderung in einem Familienverband leben. Diese Kinder sind zwischen sieben und 15 Jahre alt.[84]

Die Interviewpartnerin konnte aber auch über länger zurückliegende Zeiten etwas sagen. So weiß sie in Einzelfällen von Abtreibungen, wobei sie hier eine hohe Dunkelziffer vermutet.[85]
Und sie kennt zwei Frauen, wo die Kinder sofort nach der Geburt abgenommen wurden; „*Die sind mit Bauch ins Krankenhaus gekommen und ohne Bauch heimgekommen und wissen nicht, was passiert ist.*“[86]

Durch die ExpertInneninterviews konnte eine Zahl von mindestens 29 Elternschaften von Menschen mit geistiger Behinderung in Oberösterreich ermittelt werden. Meiner Ansicht nach kann davon ausgegangen werden, dass die tatsächliche Zahl aus folgenden Gründen um einiges höher liegt: Erstens wurden nur Einrichtungen der Behindertenhilfe befragt, es werden aber nicht alle Menschen mit geistiger Behinderung von solchen Einrichtungen betreut. Einen weiteren Grund für die vermutete höhere Zahl sehe ich darin, dass manche der befragten ExpertInnen erst wenige Monate oder Jahre in den Einrichtungen tätig sind und somit kaum Informationen zu länger zurückliegenden Schwangerschaften/ Entbindungen haben. Des Weiteren ist es gut nachvollziehbar, wenn, gerade in großen Einrichtungen, einzelne MitarbeiterInnen nicht über alle Lebensgeschichten der ihnen anvertrauten Menschen mit geistiger Behinderung Bescheid wissen.

Wenn man der Lebenszyklustheorie von Erikson[87] glaubt, ist die ermittelte Zahl von 29 Elternschaften als sehr gering anzusehen. In vier der sieben befragten Einrichtungen sind keine Elternschaften von Menschen mit geistiger Behinderung bekannt. Im Folgenden werden die Gründe erläutert, welche in diesen Einrichtungen von den befragten MitarbeiterInnen selbst vermutet werden.

7.3 Gründe für wenige Elternschaften

Jene Einrichtungen, die über keine Elternschaften von Menschen mit geistiger Behinderung berichten konnten, wurden gefragt, was sie vermuten, woran es liegt, dass ihre KlientInnen keine Kinder haben.
Folgende Gründe werden vermutet:

- Elternschaft von Menschen mit geistiger Behinderung ist ein Tabuthema. Lange war allgemein das Thema Sexualität und geistige Behinderung ein starkes Tabu bzw. wurde den KlientInnen vermittelt, dass ihnen Sexualität nicht zusteht und etwas Verwerfliches ist.[88]
- Auch die Verhütung spielt in manchen Fällen eine Rolle.[89] Diese geschieht sowohl durch Einflussnahme der Einrichtungen[90] als auch auf Druck bzw. Einfluss der Eltern[91] und nicht zuletzt auch auf Wunsch der KlientInnen selbst, die manchmal die Einschätzung haben, selbst nur knapp mit dem Leben zurecht zu kommen, und nicht daran glauben, ausreichend für ein Kind sorgen zu können.[92]
- Eine der befragten Personen sagte, dass es auch daran liegt, dass Menschen mit geistiger Behinderung nicht dazu ermuntert würden, Eltern zu werden. Nachkommenschaft scheint dabei aus zweierlei Gründen unerwünscht zu sein: erstens, weil häufig befürchtet wird, dass die Kinder dann auch eine geistige Behinderung aufweisen, und zweitens, weil eine schlechtere Qualität der Erziehung vermutet wird.[93]
- Zwei der Befragten gaben darüber hinaus an, dass der (Groß-) Teil der KlientInnen auf einer anderen Ebene der sexuellen Entwicklung steht und Genitalsexualität in diesen Fällen keine Rolle spielt.[94]

7.4 Regelungen im Fall einer Schwangerschaft

Die Frage nach Regelungen zielte darauf ab herauszufinden, ob in den befragten Einrichtungen Konzepte existieren, wie dort mit der Schwangerschaft einer Frau mit geistiger Behinderung umgegangen wird.
Ermittelt wurde, dass es in den befragten Einrichtungen kaum klare Regeln gibt, welche im Falle einer Schwangerschaft greifen.

Im Arbeitsbereich greift ganz normal der Mutterschutz. Wenn Wohnen in der Einrichtung nur bei Koppelung an die Arbeit möglich ist (dies ist in einer der befragten Einrichtungen der Fall), fällt dieser Wohnplatz dadurch weg. Allerdings erfolgt dann eine Begleitung und Unterstützung bei der Wohnungssuche.[95]

Aus dem Wohnbereich wurde mehrfach mitgeteilt, dass man sich in diesem speziellen Fall, bei Entscheidung für das Kind, dann individuell eine Lösung überlegen müsste, weil die derzeitigen Wohnformen der Einrichtungen nicht für Familien geeignet sind.[96] In einer Einrichtung ist festgeschrieben, dass die „*Unterstützung [...] in der Begleitung bis zur Entscheidungsfindung sichergestellt ist*"[97].
Eine andere Organisation hat festgelegt, dass eine Trennung von Mutter und Kind vermieden werden sollte und dass wegen einer Elternschaft niemand die Institution verlassen muss. Dabei wird am ehesten von einer mobilen Betreuung für die Familie ausgegangen, damit diese einen eigenen, abgetrennten Bereich zur Verfügung hat.[98]

Der Eintritt einer Schwangerschaft einer Frau mit geistiger Behinderung und die Entscheidung der Frau für das Kind würden für die meisten Einrichtungen eine große Herausforderung bedeuten:

„... wir sind als Einrichtung nicht darauf vorbereitet und wären, wenn man wirklich mit dem konfrontiert würde, ad hoc einmal überfordert.“[99]

7.5 Regelungen betreffend Verhütung

Direkte Regeln betreffend Verhütung gibt es kaum in den Einrichtungen. In zwei Einrichtungen wurde mitgeteilt: *„Es ist grundsätzlich schon so, dass man danach trachtet, dass verhütet wird*“[100], aber es ist nicht so, dass es Regeln gibt dafür und es wird auch niemand gezwungen dazu.[101]
In allen befragten Einrichtungen gibt es die Möglichkeit der Beratung, Begleitung und Unterstützung bei der Entscheidung für die geeignete Verhütungsmethode und oft auch Unterstützung durch Elterngespräche.[102] Auf welches Verhütungsmittel die Wahl fällt, wird gemeinsam entschieden von der betroffenen Person selbst, vom Facharzt, von den Betreuungspersonen und teilweise auch Eltern bzw. SachwalterInnen.[103]
Ein Experte sieht Verhütung *„auch als Teil eines vollwertigen Mann/Frau-Seins [...] und damit für die Identität*“[104] als wichtig an.

7.6 Rechtliche Rahmenbedingungen

Der Wissensstand zu den rechtlichen Rahmenbedingungen betreffend Elternschaft von Menschen mit geistiger Behinderung ist in den Einrichtungen sehr unterschiedlich.

Zwei der acht befragten Personen erwähnten die UN-Behindertenrechtskonvention, in der steht, dass das Recht auf Familie und Elternschaft auch dezidiert für Menschen mit Behinderung gilt.[105] Einmal wurde erwähnt, dass Elternschaft ein Menschenrecht ist.[106]

Am häufigsten erwähnt wurde als rechtlicher Rahmen das Jugendwohlfahrtsrecht, wobei darin nicht explizit Eltern mit geistiger Behinderung angeführt sind. Sehr wahrscheinlich wäre zumindest in einigen Fällen mit einer Kindesabnahme zu rechnen.[107]
Dreimal wurde darauf hingewiesen, dass keine Zwangssterilisation mehr durchgeführt werden darf[108], und einmal darauf, dass eine Abtreibung ohne das Einverständnis der betroffenen Frau nicht mehr so leicht möglich ist.[109]
„Ja, man kann nicht mehr so hinweg entscheiden über unsere Klientinnen, das finde ich eh gut."[110]

Weiters wurde zweimal darauf hingewiesen, dass die Verantwortung für die Kinder dann auf die Großeltern zurückgeht, etwa in Form der Alimentationspflicht der Großeltern. Gerade diese Regelung wird als hinderlich für Elternschaften von Menschen mit geistiger Behinderung empfunden.[111]

Die Rahmenbedingungen scheinen nicht sehr exakt zu sein in Österreich, bzw. ist der Informationsstand in den Einrichtungen auch unterschiedlich. In einer Einrichtung wurde geäußert: *„Die rechtlichen* (Rahmenbedingungen) *sind nicht anders als sonst, also ich wüsste nicht, also dass sie eingeschränkt wären."*[112] In einer anderen Einrichtung wurde hingegen vermutet, *„dass der Rahmen in Österreich, der rechtliche Rahmen da sehr feindlich ist"*[113].

Hingegen klar scheint zu sein, dass auch Menschen mit geistiger Behinderung sexuelle Rechte haben. Die „Interessensvertretung der Dienstleistungsunternehmen im psychosozialen und Behindertenbereich OÖ" (IV Sozialunternehmen), wo neben anderen auch alle befragten Einrichtungen Mitglied sind, hat ein Positionspapier zum Thema Sexualität und Behinderung verfasst.[114] Darin ist etwa festgeschrieben: *„Menschen mit* Behinderungen *haben das Recht, ihre Sexualität selbstbestimmt zu gestalten."*[115] Allerdings ist in Ober-

österreich der Rahmen zur Umsetzung dieser Rechte nur unzureichend gegeben.
„Also da ist, glaube ich, noch eine Diskrepanz zwischen diesen sexuellen Rechten, die ja meines Wissens Österreich mitträgt, und dem institutionellen Rahmen dafür.“[116]

7.7 Einstellung zur Elternschaft

Uneingeschränkt positiv stehen drei der acht befragten Einrichtungen der Elternschaft von Menschen mit geistiger Behinderung gegenüber. Wenig überraschend ist dies, weil es sich dabei um jene Einrichtungen handelt, die keine Wohnmöglichkeit bieten oder nur in Kombination mit der Arbeitsstelle, die dann im Falle des Mutterschutzes nicht mehr aufrecht ist/ wäre.[117] Dadurch stehen diese Einrichtungen im Falle einer Elternschaft nicht vor der Herausforderung, eine Lösung betreffend der möglichst gemeinsamen Wohnsituation von Eltern und Kindern zu finden. Auch die Finanzierung dieser Wohnmöglichkeit, die institutionell noch nicht existiert, stellt für die Einrichtungen im Beschäftigungsbereich von Menschen mit geistiger Behinderung kein Problem dar.

Weitere drei Befragte gaben an, dass sie grundsätzlich positiv dazu stehen, aber dass es in der Realität noch einiger Veränderungen in den Rahmenbedingungen bedarf, damit das Recht auf Familie auch für Menschen mit geistiger Behinderung umsetzbar ist und diese Herausforderung bewältigt werden könnte.[118]

Der Thematik steht nach eigener Aussage eine der befragten Personen offen gegenüber, was aber nicht heißen soll, dass es forciert wird, dass betreute Menschen mit Behinderung Eltern werden.[119]

Lediglich einmal wurde direkt gesagt, dass durchaus geschaut wird, Elternschaften durch Verhütung zu verhindern. Angemerkt wurde aber auch: Wenn es passieren sollte, würde versucht, eine gute Lösung zu finden.[120]

Vergleicht man diese Frage mit der Frage nach der Praxis der Verhütung (7.5), zeigt sich, dass nicht nur in dieser einen Einrichtung darauf geachtet wird zu verhüten, sondern auch zumindest in einer anderen Einrichtung, die nach Aussage der befragten Person „grundsätzlich positiv“ zur Elternschaft steht. Allerdings muss dies keinen Widerspruch bedeuten, weil zur grundsätzlich positiven Einstellung zur Elternschaft auch angemerkt wurde, dass sich die Rahmenbedingungen ändern müssen, um Elternschaften von Menschen mit geistiger Behinderung zu ermöglichen. Dadurch kann erklärt werden, warum trotz positiver Einstellung nach Verhütung getrachtet wird.
Zu den Rahmenbedingungen, die sich ändern müssten, zählen auch die Unterstützungsangebote, die erweitert werden sollten. Im Folgenden wird auf die Angebote eingegangen, die es derzeit für Eltern mit geistiger Behinderung gibt.

7.8 Unterstützungsmöglichkeiten

In zwei Einrichtungen wurde klar gesagt, dass es keine Angebote für Eltern mit geistiger Behinderung in ihrer Institution gibt.[121]

Als Angebot haben (bzw. hätten) vier Einrichtungen die Möglichkeit der Beratung und Unterstützung beim Aufbau eines Netzwerkes durch Vermittlung an andere Stellen. Dabei wurde allerdings von einer Person betont, dass diese Unterstützung nicht gesichert ist und viel freiwillig geleistet wird.[122]

Einmal wurde mitgeteilt, dass diese Einrichtung *„ein Netzwerk als Unterstützung*“ hat, auch wenn sie aktuell noch kein Angebot in diese Richtung setzt.[123] Das bedeutet, dass es dort verschiedene Angebote und Institute gibt, sowohl für Erwachsene mit geistiger Behinderung als auch für Kinder.

Herr Glaser vom Verein Senia sagte zu den Unterstützungsangeboten Folgendes:
*„... der Verein Senia versteht sich jetzt nicht als potenzieller Dienstleister in dem Bereich, sondern wir sind [...] dazu da, um zur Enttabuisierung beizutragen, was die Thematik betrifft eben, und durch solche Veranstaltungen (*Fachtagung Herausforderung Elternschaft im Mai 2009, Anm. d. Verf.*) Impulse zu liefern.*“[124]

Insgesamt lässt sich also feststellen, dass die Angebote für Eltern mit geistiger Behinderung in den befragten Einrichtungen in Oberösterreich sehr dünn gesät sind. Deshalb wurden die befragten ExpertInnen zudem gefragt, welche Angebote sie für diese Klientel allgemein, über ihre Einrichtung hinaus, in Oberösterreich kennen.

Alle Befragten gaben an, dass es kein spezifisches, institutionelles Wohnangebot für Eltern mit geistiger Behinderung in Oberösterreich gibt. Dies bestätigte auch Frau Mag.[a] Hackl von der Abteilung Soziales; allerdings ist es möglich, als Betreuungsangebot mobile Dienste zu genehmigen, wobei sie betonte, dass diese keine Maßnahme der Jugendwohlfahrt ersetzen können.[125]

Für Eltern mit geistiger Behinderung gibt es (zumindest theoretisch) die gleichen Angebote, die es für alle Eltern gibt. So zum Beispiel Familienhilfe, medizinische Versorgung/ Betreuung etwa im Rahmen der Mutter-Kind-Pass-Untersuchungen, verschiedene Gruppenangebote für Eltern (und Kinder) wie etwa Spielgruppen und Eltern-Gesprächsgruppen. Eine Möglichkeit für die Eltern könnte auch die persönliche Assistenz sein und für die Kinder Frühförderung.[126] Eine Expertin nannte den „Verein Miteinander" als Möglichkeit zur Unterstützung von Eltern mit geistiger Behinderung.[127] Frau Andrea Knechtel, Mitarbeiterin der Familienberatungsstelle der Miteinander GmbH, bestätigte durch schriftliche Auskunft am 12.02.2010, dass es sich bei einem kleinen Teil der KlientInnen der Familienberatungsstelle um Menschen mit geistiger Behinderung handelt, die Eltern werden oder sind. Zusätzlich zur Beratung gibt es z.B. auch die Möglichkeit, Begleitung zu Ämtern oder Behörden in Anspruch zu nehmen.

Die oben genannten Unterstützungsangebote können in vielen Fällen sicher sinnvoll sein, allerdings ist keine dieser Möglichkeiten geeignet, eine betreute Elternschaft, gar mit Rund-um-die-Uhr-Betreuung, zu leisten. Diese Angebote sind aus meiner Sicht eher als zusätzliche Angebote zu betrachten.

Bezüglich der Unterstützungsangebote stellte ich mir auch die Frage, ob Mütter mit geistiger Behinderung die Chance hätten, in Mutter-und-Kind-Häusern in OÖ Unterstützung zu finden. Dazu erfolgte eine E-Mail-Anfrage, wobei ich von zwei Einrichtungen eine Rückmeldung erhielt. Dabei wurde mitgeteilt, dass dies nicht generell ausgeschlossen wird, es diesbezüglich aber noch keine Erfahrungswerte gibt. Es wurde auch darauf hingewiesen, dass dort keine 24-Stunden-Betreuung geboten wird, also die Mutter ausreichend Fähigkeiten haben muss, um sicher zu stellen, dass das Kindeswohl auch in der unbetreuten Zeit gewährleistet ist.

Aufgrund der Tatsache, dass es keine Angebote speziell für Eltern mit geistiger Behinderung gibt, wurde gefragt, ob vermutet wird, dass es in Oberösterreich Bedarf gibt für solche Einrichtungen bzw. Angebote.

7.9 Einschätzung des Bedarfes nach speziellen Angeboten

In der Frage des Bedarfes nach spezifischen Angeboten war man sich in den befragten Einrichtungen nicht einig.

Zwei der befragten ExpertInnen sehen derzeit wenig bis keinen Bedarf, obwohl sie vermuten, dass der Bedarf steigen wird bzw. steigen kann, wenn sich die Rahmenbedingungen, sowohl rechtlicher als auch gesellschaftlicher Natur, ändern.[128]

In den restlichen befragten Einrichtungen wird an diesen Bedarf geglaubt.[129]
Aber vor allem würden sich einige der Befragten mehr Angebote wünschen.
„*Also ich würde mir mehr wünschen [...] auch Rund-um-die-Uhr-Betreuungen, wie wir sie auch schon gebraucht hätten.*“[130]

Wenn es entsprechende Angebote gäbe, könnte auch anders mit dem Thema Elternschaft umgegangen werden, weil dann gute Lösungen möglich wären.[131]
Zwei weitere Personen betonten, dass es wichtig ist, verschiedene Angebote zu haben, nicht nur in stationärer Form, sondern vor allem auch im ambulanten Bereich. Auch als eine Art Koordinationsstelle, wenn es unterschiedliche Angebote für Eltern und Kinder gibt.[132]
Eine Person äußerte auch, wie wichtig es wäre, *„dass dieses Recht auf Unterstützung automatisch da ist. Dass ich nicht kämpfen muss*“.[133] Derzeit gibt es keinen Anspruch auf Unterstützung im Fall einer Elternschaft. Wenn es dazu kommt und Unterstützung nötig ist, bedarf es einigen Engagements, um entsprechende Unterstützung zu vermitteln bzw. zu bekommen.

„*Die brauchen wir!*“[134] sagte dazu auch Frau Mag.[a] Hackl. Sie geht davon aus, dass es ein abgestuftes Leistungsangebot braucht, welches auch mit der Jugendwohlfahrt abgestimmt ist, um sowohl dem Kindeswohl gerecht zu werden als auch den Verbleib der Kinder bei den Eltern möglichst zu sichern. Weiters ist Frau Mag.[a] Hackl der Meinung, dass es nicht unbedingt nötig ist, etwas gänzlich Neues für Eltern mit geistiger Behinderung zu schaffen, sondern solche Angebote in bereits bestehende Strukturen einzubinden. Gespräche mit Jugendwohlfahrt und Trägerorganisationen haben bereits stattgefunden; allerdings ist an eine konkrete Planung und Umsetzung solcher Unterstützungsangebote auf Grund der budgetären Situation beim Land derzeit nicht zu denken.[135]

Auf Grundlage der Gespräche mit den ExpertInnen kann von einem Bedarf nach spezifischen Unterstützungsangeboten, sowohl in ambulanter als auch stationärer Form, für Eltern mit geistiger Behinderung ausgegangen werden. Aber es scheint, als wäre der Bedarf nicht dringend genug, bzw. die Anzahl der Betroffenen zu gering, sodass dafür zumindest derzeit keine finanziellen Mittel zur Verfügung stehen.

7.10 Zusätzliche Anmerkungen

In einem Interview wurden auch die Reaktionen des Umfeldes auf Elternschaft von Menschen mit geistiger Behinderung abgefragt. Es wurde mitgeteilt, dass diese von Schock-Reaktionen über Diskussionen über eine Abtreibung bis zu geteilter Freude mit den Eltern reichten. Dass die Behinderung bei einer Elternschaft nicht so sehr zum Tragen kommt wie etwa bei sonstigen Anforderungen der Gesellschaft oder Arbeitswelt, hat die befragte Person bei ihrer Arbeit mit Personen mit Behinderung ebenfalls festgestellt.[136]

„Weil ich auch die Erfahrung gemacht habe, dass Eltern oder Menschen mit geistiger Behinderung und Elternschaft oft nichts miteinander zu tun haben. Das heißt, in der Elternschaft erlebe ich die meisten Menschen sehr kompetent und sehr gesund, also nicht irgendwie geistig beeinträchtigt in dem Fall. Da mache ich immer wieder die Erfahrung, dass sie genauso gute Eltern sind und [...] die es oft fast noch ernster nehmen, ein Kind zu betreuen und in der Obsorge zu haben; also sie sind sehr, sehr verantwortungsbewusst.“[137]

Von diesem Standpunkt aus wurde auch Kritik an MitarbeiterInnen der Jugendwohlfahrt geäußert, da diese sehr genau auf Eltern mit geistiger Behinderung achten. Es wurde festgestellt, dass sie sich nicht den geringsten Fehler erlauben dürfen und daher bei der Versorgung des Nachwuchses sehr unter Druck stehen, um das Kind/die Kinder nicht zu verlieren.[138]
An dieser Stelle muss aber auch angemerkt werden, dass die MitarbeiterInnen der Jugendwohlfahrt kaum über Fehler hinwegsehen dürfen, da sie dafür verantwortlich sind, dass das Kindeswohl gesichert ist. Wenn es mehr Angebote für Eltern mit geistiger Behinderung geben würde, wäre es eher möglich, in einem solchen Fall Unterstützung anzubieten, anstatt eine Abnahme des Kindes anzudrohen und umzusetzen. Nach meiner Meinung scheint der Handlungsspielraum in einem solchen Fall sehr gering zu sein.

Die Einstellung zur Elternschaft wird von einem Experten als Möglichkeit zur Überprüfung gesehen, ob die Aussage ‚Leben mit (geistiger) Behinderung ist gleich viel wert wie Leben ohne Behinderung‘ ernst gemeint ist[139], weil häufig eine mögliche Behinderung des Kindes als Argument gegen eine Elternschaft von Menschen mit geistiger Behinderung verwendet wird.
Einerseits kann ich dem durchaus beipflichten, allerdings muss dies kritisch gesehen werden. Eine negative Haltung zur Elternschaft kann von vielen Faktoren beeinflusst sein, die durchaus auch das

Wohl der Menschen mit Behinderung im Zentrum haben. Durch mangelnde Unterstützungsangebote ist die Gefahr der Kindesabnahme sehr groß und diese Abnahme ist kaum als positives und wünschenswertes Ereignis zu sehen.

Zusammenfassend lässt sich über die Situation zur Elternschaft in Oberösterreich feststellen, dass das Thema in den befragten Einrichtungen von unterschiedlicher Relevanz ist. Umso selbständiger die betreuten KlientInnen sind, umso eher ist die Einrichtung mit dem Thema Kinderwunsch und Elternschaft von Menschen mit geistiger Behinderung konfrontiert. Doch selbst wenn dieses Thema (zumindest offiziell) keine direkte Rolle spielt, erfolgt zumindest eine Auseinandersetzung mit der Thematik. Drei der befragten ExpertInnen konnten von Elternschaften berichten und eine Zahl von Elternschaften in ihrer Einrichtung nennen. In Summe ergibt sich daraus ein Minimum von 29 Eltern mit geistiger Behinderung in OÖ.
Diese geringe Zahl ergibt sich vermutlich dadurch, dass es sich schon beim Thema „Sexualität von Menschen mit (geistiger) Behinderung" um ein stark tabuisiertes handelt. Ein weiterer Grund dafür besteht darin, dass sich manche auf einer anderen Ebene von Sexualität befinden, wo Genitalsexualität keine Rolle spielt. Auch die eingeschränkte Fortpflanzungsfähigkeit bei Menschen mit bestimmten Behinderungsarten ist dafür von Bedeutung. Hinzu kommt die gängige Praxis, dass in Einrichtungen der Behindertenhilfe zum Teil sehr auf Verhütung geachtet wird.
Das Bestreben nach ausreichender Verhütung ist vermutlich in einer Überforderung der meisten Einrichtungen, sollte es zu einer Elternschaft kommen, begründet.
Die Überforderung der Einrichtungen ist sehr gut nachvollziehbar, da es in OÖ an Unterstützungsmöglichkeiten für die Zielgruppe der Eltern mit geistiger Behinderung mangelt. Spezielle Angebote für diese Zielgruppe gibt es überhaupt nicht, obwohl durchwegs Bedarf nach solchen vermutet oder gewünscht wird. Auch wenn die Einrichtungen der Behindertenhilfe dazu bereit sind oder wären,

besteht das Problem, dass die Finanzierung dieser Leistung nicht gesichert ist.

8. Resümee und Ausblick

Abschließend sollen an dieser Stelle die gewonnenen Ergebnisse, sowohl aus der Literaturanalyse als auch aus den ExpertInneninterviews, an Hand der Forschungsziele zusammengefasst werden.

Forschungsziel eins war es festzustellen, ob das Thema „Kinderwunsch und Elternschaft von Menschen mit geistiger Behinderung" in Oberösterreich von **Relevanz** ist.
Für die Beantwortung dieser Fragestellung konnte keine Literatur herangezogen werden, weil es in Österreich nur wenige wissenschaftliche Arbeiten zur Thematik gibt. Durch die Gespräche mit den ExpertInnen konnte herausgefunden werden, dass das Thema „Elternschaft von Menschen mit geistiger Behinderung" in den Einrichtungen der Behindertenhilfe in OÖ von unterschiedlicher Bedeutung ist. Es zeigte sich, dass der Grad der Behinderung dabei auch eine Rolle spielt. Je selbständiger die KlientInnen mit Behinderung sind, umso präsenter ist die Thematik.
Durch die Befragung konnte eine Zahl von mindestens 29 Elternschaften von Menschen mit geistiger Behinderung erhoben werden.
Lediglich zwei der sieben Befragten gaben an, in der aktuellen Arbeit noch nicht damit konfrontiert worden zu sein. In weiteren zwei Einrichtungen sind keine Fälle von Elternschaften bekannt, aber der Wunsch von KlientInnen nach einem eigenen Kind erforderte dort eine Auseinandersetzung mit dem Thema.

Herauszufinden, wie in der **Praxis** mit dem Thema umgegangen wird, war ein weiteres Forschungsziel.
Um dieser Frage auf den Grund zu gehen, erfolgte zuerst eine theoretische Auseinandersetzung mit „Empfängnisverhütung", „Sterilisation" und „Schwangerschaftsabbruch" als verschiedenen Formen, um Elternschaft von Menschen mit geistiger Behinderung zu ver-

hindern. In der Fachliteratur wurden die Sterilisation und der Schwangerschaftsabbruch als früher sehr gängige Methoden beschrieben.
In weiterer Folge wurde in den Interviews gefragt, ob es Regelungen in Bezug auf Verhütung gibt. Dies wurde durchwegs verneint. Allerdings gibt es in allen befragten Einrichtungen die Möglichkeit der Beratung, Begleitung und Unterstützung rund um das Thema Verhütung. Von zwei InterviewpartnerInnen wurde mitgeteilt, dass grundsätzlich versucht wird, Einfluss zu nehmen, dass verhütet wird.
Zur Praxis, wie mit Fällen von Elternschaft umgegangen wird bzw. wie damit umgegangen würde, können folgende Aussagen getroffen werden:
Die befragten ExpertInnen gaben durchwegs an, dass sie sich um eine möglichst gute und individuelle Lösung bemühen würden. In den Fällen, wo es dazu kam, dass Menschen mit geistiger Behinderung Eltern wurden, werden in insgesamt ca. 50 % der Fälle die Kinder nicht von ihren Eltern hauptverantwortlich betreut. Allerdings stellt dieser Wert einen Durchschnittswert von sehr unterschiedlichen Aussagen in den Einrichtungen dar.

Die Forschungsfrage drei zielte darauf ab, zu erörtern, welche **Unterstützungsmöglichkeiten** es in **Oberösterreich** für Eltern mit geistiger Behinderung gibt.
Es gibt in OÖ keine spezifischen Angebote. Derzeit besteht auch keine Möglichkeit einer 24-Stunden-Betreuung für Eltern(teile) mit geistiger Behinderung gemeinsam mit ihren Kindern.
Möglichkeiten zur Unterstützung von Eltern mit Behinderung sind mobile Dienste, Beratung, Vermittlung, persönliche Assistenz und auch jene Angebote, die es für alle Eltern gibt (z.B. Familienhilfe, medizinische Versorgung im Rahmen der Mutter-Kind-Pass-Untersuchungen, Elterngruppen, Spielgruppen und Frühförderung).
Die befragten ExpertInnen vermuten großteils, dass Bedarf nach spezifischen Angeboten für Eltern mit geistiger Behinderung besteht, vor allem wenn sich die Rahmenbedingungen ändern sollten.

Allerdings gibt es vom Land OÖ derzeit keine finanziellen Mittel zur Umsetzung eines solchen Angebots.

Als viertes Ziel sollten die **Rahmenbedingungen** zur Elternschaft von Menschen mit geistiger Behinderung erforscht werden.
Bei der Betrachtung der älteren Fachliteratur fällt auf, dass Nachkommenschaft von geistig behinderten Personen überwiegend abgelehnt wurde. Mittlerweile geht der Trend unter Fachleuten eher in die Richtung, Selbstbestimmung auch in dieser Hinsicht zu ermöglichen. Gesamtgesellschaftlich hat sich hierzu aber wenig verändert. Elternschaften von Menschen, die zu diesem Personenkreis zählen, werden kritisch betrachtet und sind generell eher unerwünscht.
Der rechtliche Rahmen wurde in Kapitel sechs „rechtliche Rahmenbedingungen" ausführlich dargestellt. An dieser Stelle soll zusammenfassend erwähnt werden, dass eine grundsätzliche Absprache des Rechtes, Kinder zu haben und sie selbst zu betreuen, eine Diskriminierung und Rechtsverletzung darstellt. Allerdings ist im Falle einer Gefährdung das Kindeswohl als höherrangiges Gut anzusehen. Aber mit entsprechender Unterstützung sollte es möglich sein, beiden Anforderungen gerecht zu werden.

Literaturverzeichnis

Achilles, Ilse (2005): „Was macht ihr Sohn denn da?" Geistige Behinderung und Sexualität, 4. Aufl., München

Bargfrede, Stefanie (2001): Geistig behinderte Eltern in der BRD – Rückblick, Forschungsergebnisse und aktuelle Situation, in: Bundesvereinigung Lebenshilfe für Menschen mit geistiger Behinderung e.V. (2001): Elternschaft von Menschen mit geistiger Behinderung. Dokumentation des Workshops der Bundesvereinigung Lebenshilfe, 5.-6. Dezember 2000, Marburg, Referat I

Bauer, Thomas/ Ertl, Andrea (2009): Familienrecht und Außerstreitrecht, in: Loderbauer, Brigitte (Hg.) (2009): Recht für Sozialberufe, Wien, S. 19 – 110

Betheler Arbeitstexte 6 (1993): Kinderwunsch und Elternschaft von Menschen mit einer geistigen Behinderung. Eine Orientierungshilfe, Bielefeld

BM-Online e.V. Behinderte Menschen im Internet (2005): Neue Definition von Behinderung bei der Weltgesundheitsorganisation (WHO), Frankfurt, http://www.behinderte.de/RECHT/weiberzeit-200504074.htm, aus Weiberzeit Nr. 7, 2005, S. 4

Bundesvereinigung Lebenshilfe für Menschen mit geistiger Behinderung e.V. (2001): Elternschaft von Menschen mit geistiger Behinderung. Dokumentation des Workshops der Bundesvereinigung Lebenshilfe, 5.-6. Dezember 2000, Marburg

DIMDI (Deutsches Institut für Medizinische Dokumentation und Information, WHO-Kooperationszentrum für das System Internationaler Klassifikationen) (2005): Internationale Klassifikation der

Funktionsfähigkeit, Behinderung und Gesundheit, Genf, http://www.dimdi.de/dynamic/de/klassi/downloadcenter/icf/endfassung/icf_endfassung-2005-10-01.pdf

Doralt, Werner (Hg.) (2008): Kodex des österreichischen Rechts. Bürgerliches Recht, 36. Aufl., Wien

Edlmayr, Rosa (2005): „Kindeswohl“: Darstellung eines komplexen Begriffs aus dem Blickwinkel der Beteiligten; Diplomarbeit Fachhochschul-Studiengang Soziale Arbeit, Linz

Fegert, Jörg M./ Jeschke, Karin/ Thomas, Helgard/ Lehmkuhl, Ulrike (Hg.) (2006): Sexuelle Selbstbestimmung und sexuelle Gewalt. Ein Modellprojekt in Wohneinrichtungen für junge Menschen mit geistiger Behinderung, Weinheim und München

Ferrares, Hermenegilde (2001): Behinderte Frauen und Mutterschaft. Eine Bestandsaufnahme, in: Behinderte in Familien, Schule und Gesellschaft Nr.1/2001, Graz; wiederveröffentlicht im Internet, http://bidok.uibk.ac.at/library/beh1-01-ferrares-mutterschaft.html

Fröhlingsdorf, Michael (2002): Justiz: Drei mal vier ist elf, in: DER SPIEGEL 47/2002 am 18. 11. 2002, http://www.spiegel.de/spiegel/print/d-25718127.html

Gellenbeck, Oliver (2001): „... aber wünschen kann ich mir ein Kind doch trotzdem“. Zu Sexualität und Elternschaft bei geistig behinderten Menschen mit einer Konzeptentwicklung für Unterstützungsmöglichkeiten im Wohnstättenbereich, Schriftenreihe der evangelischen Fachhochschule Rheinland-Westfalen-Lippe 48, Bochum

Gesetz zu dem Übereinkommen der Vereinten Nationen vom 13. Dezember 2006 **über die Rechte von Menschen mit Behinderungen** sowie zu dem Fakultativprotokoll vom 13. Dezember 2006

zum Übereinkommen der Vereinten Nationen über die Rechte von Menschen mit Behinderungen, http://files.institut-fuer-menschenrechte.de/437/Behindertenrechtskonvention.pdf

Gitschthaler, Edwin (2008): Unterhaltsrecht, 2. Aufl., Wien

Hubmer, Andrea (2007): Jugendwohlfahrtsrecht. Skriptum zur Lehrveranstaltung am Fachhochschul-Studiengang Soziale Arbeit, Linz

Interessensvertretung Sozialunternehmen (o.J.), o.O., http://www.iv-sozialunternehmen.at

IV Sozialunternehmen (o.J.): Stellungnahme zur Thematik Sexualität und Beeinträchtigungen, o.O., www.iv-sozialunternehmen.at/files/positionspapier_sexualitaet_und-behinderung.pdf

Jeschke, Karin/ Wille, Nora/ Fegert, Jörg M. (2006): Die Sicht des Fachpersonals auf sexuelle Selbstbestimmung, in: Fegert, Jeschke, Thomas, Lehmkuhl (Hg.) (2006): Sexuelle Selbstbestimmung und sexuelle Gewalt. Ein Modellprojekt in Wohneinrichtungen für junge Menschen mit geistiger Behinderung, Weinheim und München, S. 227-294

Kaiser, Beatrix (2001): Skriptum Kindeswohl, FH Campus Wien, http://www.telesozial.net/cms/uploads/tx_kdcaseengine/Skriptum_-Kindeswohl_01.pdf

Landesgesetz betreffend die Chancengleichheit von Menschen mit Beeinträchtigungen (Oö. ChG), LGBl. Nr. 81/2009, http://www.ris.bka.gv.at/GeltendeFassung.wxe?Abfrage=LrOO&-Gesetzesnummer=20000514, Stand: 18.02.2010

Loderbauer, Brigitte (Hg.) (2009): Recht für Sozialberufe, Wien

Mesdag, Thomas/ Pforr, Ursula (Hg.) (2008): „Phänomen geistige Behinderung". Ein psychodynamischer Verstehansatz, Reihe: Psychoanalytische Pädagogik Band 28, Gießen

People first (o.J.), www.people1.de, Stand: Jänner 2010

Pforr, Ursula (2008): Wenn Menschen mit geistiger Behinderung Eltern werden, in: Mesdag, Thomas; Pforr, Ursula (Hg.) (2008): „Phänomen geistige Behinderung" Ein psychodynamischer Verstehansatz, Reihe: Psychoanalytische Pädagogik Band 28, Gießen, S. 203-217

Pixa-Kettner, Ursula (Hg.) (2008): Tabu oder Normalität? Eltern mit geistiger Behinderung und ihre Kinder, 2. Aufl., Heidelberg

Pixa-Kettner, Ursula/ Bargfrede, Stefanie (2008): Kinderwunsch von Menschen mit geistiger Behinderung, in: Pixa-Kettner (Hg.) (2008): Tabu oder Normalität? Eltern mit geistiger Behinderung und ihre Kinder, 2. Aufl., Heidelberg, S. 73-85

Pixa-Kettner, Ursula/ Sauer, Bernhard (2008): Elterliche Kompetenzen und die Festlegung von Unterstützungsbedürfnissen in Familien mit geistig behinderten Eltern, in: Pixa-Kettner (2008): Tabu oder Normalität?, 2. Aufl., Heidelberg, S. 219-247

Pixa-Kettner, Ursula (1999): Konzepte der Begleitung für Mütter und Väter mit geistiger Behinderung. Ein Beitrag aus der englischsprachigen Literatur, in: psychosozial 22. Jg. Heft III (Nr. 77), Gießen, S. 63-74

Pixa-Kettner, Ursula [u.a.] (Hg.: Der Bundesminister für Gesundheit) (1996): „Dann waren sie sauer auf mich, dass ich das Kind haben wollte …“: Eine Untersuchung zur Lebenssituation geistig behinderter Menschen mit Kindern in der BRD, Baden-Baden

Pixa-Kettner, Ursula (1991): Geistig behindert und Mutter?, in: Sonderpädagogik, 21. Jg., Heft 2, S. 60-69

Prangenberg, Magnus (2002): Zur Lebenssituation von Kindern, deren Eltern als geistig behindert gelten. Eine Exploration der Lebens- und Entwicklungsrealität anhand biographischer Interviews und Erörterung der internationalen Fachliteratur, Dissertation Universität Bremen, veröffentlicht im Internet:
http://deposit.ddb.de/cgi-bin/dokserv?idn=975509020

Sailer-Lauschmann, Irene/ Schönwiese, Volker (2000): Sexualität und geistige Behinderung, in: Sexuologie – Zeitschrift für sexualmedizinische Fortbildung und Forschung, Nr. 2/2001, S. 94-100, wiederveröffentlicht im Internet:
http://bidok.uibk.ac.at/library/schoenwiese-sailer-sexualitaet.html

Schäfers, Markus (2009): Behinderungsbegriffe im Spiegel der ICF, in: Teilhabe. Die Fachzeitschrift der Lebenshilfe 1/2009, Jg. 48, Marburg, S. 25-27

Schaffer, Hanne (2002): Empirische Sozialforschung für die Soziale Arbeit. Eine Einführung, Freiburg im Breisgau

Speck, Otto (2007): Geistige Behinderung, in: Theunissen, Georg; Kulig, Wolfram; Schirbort, Kerstin (Hg.) (2007): Handlexikon Geistige Behinderung. Schlüsselbegriffe aus der Heil- und Sonderpädagogik, Sozialen Arbeit, Medizin, Psychologie, Soziologie und Sozialpolitik, Stuttgart, S. 136-137

Theunissen, Georg/ Kulig, Wolfram/ Schirbort, Kerstin (Hg.) (2007): Handlexikon Geistige Behinderung. Schlüsselbegriffe aus der Heil- und Sonderpädagogik, Sozialen Arbeit, Medizin, Psychologie, Soziologie und Sozialpolitik, Stuttgart

United Nations Organization (1948): Allgemeine Erklärung der Menschenrechte, http://www.ohchr.org/EN/UDHR/Pages/Language.aspx?LangID=ger, Stand: 18.02.2010

United Nations Organization (1989): UN-Konvention über die Rechte des Kindes, www.unicef.at/fileadmin/medien/pdf/crcger.pdf, Stand: 18.02.2010

Verein Senia (o.J.): Über Uns/ Archiv, Linz, www.senia.at, Stand: Jänner 2010

Vereinte Nationen (2008): Gesetz zu dem Übereinkommen der Vereinten Nationen vom 13. Dezember 2006 über die Rechte von Menschen mit Behinderungen sowie zu dem Fakultativprotokoll vom 13. Dezember 2006 zum Übereinkommen der Vereinten Nationen über die Rechte von Menschen mit Behinderungen, http://files.institut-fuer-menschenrechte.de/437/Behindertenrechtskonvention.pdf

Walter, Joachim (Hg.) (2005): Sexualität und geistige Behinderung, 6. Aufl., Heidelberg

Walter, Joachim (1980): Zur Sexualität Geistigbehinderter. Die Einstellung der Mitarbeiter als Bedingungsrahmen zur Unterdrückung oder Normalisierung in Behinderteneinrichtungen; Rheinstetten, S. 166

Wohlgensinger, Corinne (2008): „… also da hab' ich noch gar nicht drüber nachgedacht …" Der Umgang mit dem Kinderwunsch von Menschen mit geistiger Behinderung, in: Schweizerische Zeitschrift für Heilpädagogik 3/2008, Luzern, S. 8-14

o.V. (o.J.): Das Kindeswohl, http://www.tirol.gv.at/bezirke/innsbruck-land/juwo-kindeswohl/ Stand: 05.06.2009

Anmerkungen

1 Walter, Joachim (2005): Sexualität und geistige Behinderung, Heidelberg, 6. Aufl., S. 293
2 Pixa-Kettner, Ursula (2008): Tabu oder Normalität?, Heidelberg, S. 9 (Hervorhebung Pixa-Kettner)
3 vgl. Schaffer, Hanne (2002): Empirische Sozialforschung für die Soziale Arbeit. Eine Einführung, Freiburg im Breisgau, S. 125ff
4 vgl. Interview Abteilung Soziales, Zeile 8-16
5 vgl. Verein Senia (o.J.): Über Uns/ Archiv, Linz, www.senia.at
6 ChG § 2
7 BM-Online e.V. Behinderte Menschen im Internet (2005): Neue Definition von Behinderung bei der Weltgesundheitsorganisation (WHO), http://www.behinderte.de/RECHT/weiberzeit200504074.htm, Frankfurt, aus Weiberzeit Nr. 7, 2005, S. 4
8 DIMDI (2005): Internationale Klassifikation der Funktionsfähigkeit, Behinderung und Gesundheit, Genf, http://www.dimdi.de/dynamic/de/klassi/downloadcenter/icf/endfassung/icf_endfassung-2005-10-01.pdf, S. 4
9 vgl. ebd.
10 vgl. Schäfers, Markus (2009): Behinderungsbegriffe im Spiegel der ICF, in: Teilhabe. Die Fachzeitschrift der Lebenshilfe 1/2009, Jg. 48, Marburg, S. 26
11 Spreen, Otfried 1978 zit. nach Prangerberg, Magnus (2002): Zur Lebenssituation von Kindern, deren Eltern als geistig behindert gelten. Eine Exploration der Lebens- und Entwicklungsrealität anhand biographischer Interviews und Erörterung der internationalen Fachliteratur, Dissertation, Universität Bremen, S. 33
12 vgl. Pixa-Kettner, Ursula et. al. (1996): „Dann waren sie sauer auf mich, daß ich das Kind haben wollte …“: Eine Untersuchung zur Lebenssituation geistig behinderter Menschen mit Kindern in der BRD, Baden-Baden, S. 5
13 ebd., S. 6
14 vgl. ebd.
15 Speck, Otto (2007): Geistige Behinderung, in: Theunissen, Georg et. al. (2007): Handlexikon Geistige Behinderung, Stuttgart, S. 137
16 vgl. Pixa-Kettner et. al. (1996), S. 7
17 people first z.B. auf www.people1.de

18 vgl. Pixa-Kettner (2008), S. 13

19 vgl. § 146 (1) und (2); Doralt, Werner (Hg.) (2008): Kodex des österreichischen Rechts. Bürgerliches Recht, 36. Aufl., Wien, S. 27

20 Dettenborn, Harry (2001) zit. nach Pixa-Kettner, Ursula; Sauer, Bernhard (2008): Elterliche Kompetenzen und die Festlegung von Unterstützungsbedürfnissen in Familien mit geistig behinderten Eltern, in: Pixa-Kettner (2008), S. 220

21 vgl. Dettenborn (2001) zit. nach Pixa-Kettner, Sauer (2008), S. 220

22 vgl. http://www.tirol.gv.at/bezirke/innsbruck-land/juwo-kindeswohl/ Stand: 05.06.2009

23 Ostbomk-Fischer, Elke (2001) zit. nach Edlmayr, Rosa (2005): „Kindeswohl“: Darstellung eines komplexen Begriffs aus dem Blickwinkel der Beteiligten, Diplomarbeit Fachhochschul-Studiengang Sozialarbeit Linz, S. 10

24 Ostbomk-Fischer (2001) zit. nach Edlmayr (2005), S. 10f

25 vgl. Wohlgensinger, Corinne (2008): „... also da hab' ich noch gar nicht drüber nachgedacht ...“ Der Umgang mit dem Kinderwunsch von Menschen mit geistiger Behinderung, in: Schweizerische Zeitschrift für Heilpädagogik 3/2008, Luzern, S. 13

26 vgl. Hubmer, Andrea (2007): Jugendwohlfahrtsrecht. Skriptum zur Lehrveranstaltung an der FH OÖ, Studiengang Soziale Arbeit, Linz, S. 9ff

27 vgl. ebd., S. 11

28 vgl. Kaiser, Beatrix (2001): Skriptum Kindeswohl, FH Campus Wien, http://www.telesozial.net/cms/uploads/tx_kdcaseengine/Skriptum_Kindeswohl_01.pdf, S. 3f

29 Erikson, Erik H. (1971) zit. nach Walter (2005), S. 295

30 Walter (2005), S. 295

31 ebd., S. 293

32 Betheler Arbeitstexte 6 (1993): Kinderwunsch und Elternschaft von Menschen mit einer geistigen Behinderung. Eine Orientierungshilfe, Bielefeld, S. 4

33 vgl. Betheler Arbeitstexte 6 (1993): S. 32

34 Wohlgensinger (2008), S. 12

35 vgl. ebd.

36 Berninghausen, Jutta (1980) zit. nach Pixa-Kettner, Ursula (1991): Geistig behindert und Mutter?, in: Sonderpädagogik, 21. Jg., Heft 2, S. 63

37 Groß, Jessica (1999) zit. nach Pixa-Kettner, Ursula; Bargfrede, Stefanie (2008): Kinderwunsch von Menschen mit geistiger Behinderung. In: Pixa-Kettner (2008), S. 74

38 vgl. Pixa-Kettner, Ursula (1999): Konzepte der Begleitung für Mütter und Väter mit geistiger Behinderung. Ein Beitrag aus der englischsprachigen Literatur. In: psychosozial 22. Jg. Heft III (Nr. 77), Gießen, S. 64

39 Pixa-Kettner, Bargfrede (2008), S. 75

40 vgl. ebd., S. 76

41 ebd., S. 83

42 vgl. Interview 4, Zeile 90-92

43 ebd., Zeile 95- 104

44 vgl. Interview 4, Zeile 92-94

45 Bargfrede, Stefanie (2001): Geistig behinderte Eltern in der BRD – Rückblick, Forschungsergebnisse und aktuelle Situation, in: Bundesvereinigung Lebenshilfe für Menschen mit geistiger Behinderung e.V. (2001): Elternschaft von Menschen mit geistiger Behinderung. Dokumentation des Workshops der Bundesvereinigung Lebenshilfe, 5.-6. Dezember 2000, Marburg, Referat 1, S. 1

46 vgl. Gellenbeck, Oliver (2001): „... aber wünschen kann ich mir ein Kind doch trotzdem". Zu Sexualität und Elternschaft bei geistig behinderten Menschen mit einer Konzeptentwicklung für Unterstützungsmöglichkeiten im Wohnstättenbereich. Schriftenreihe der evangelischen Fachhochschule Rheinland-Westfalen-Lippe 48, Bochum, S. 65

47 Achilles, Ilse (2005): „Was macht ihr Sohn denn da?" Geistige Behinderung und Sexualität, 4. Aufl., München, S. 55ff

48 Jeschke, Karin; Wille, Nora; Fegert, Jörg M. (2006): Die Sicht des Fachpersonals auf sexuelle Selbstbestimmung, in: Fegert, Jeschke, Thomas, Lehmkuhl (Hg.) (2006): Sexuelle Selbstbestimmung und sexuelle Gewalt. Ein Modellprojekt in Wohneinrichtungen für junge Menschen mit geistiger Behinderung, Weinheim und München, S. 245

49 vgl. Ferrares, Hermenegilde (2001): Behinderte Frauen und Mutterschaft. Eine Bestandsaufnahme, erschienen in: Behinderte in Familien, Schule und Gesellschaft Nr. 1/2001, Graz; wiederveröffentlicht im Internet:
http://bidok.uibk.ac.at/library/beh1-01-ferrares-mutterschaft.html

50 vgl. Pixa-Kettner (1999), S. 63f

51 Walter, Joachim (1980): Zur Sexualität Geistigbehinderter. Die Einstellung der Mitarbeiter als Bedingungsrahmen zur Unterdrückung oder Normalisierung in Behinderteneinrichtungen; Rheinstetten, S. 166
52 ebd., S. 162
53 Walter (1980), S. 90
54 vgl. ebd., S. 166
55 ebd., S. 90
56 § 90 StGB, http://www.ris.bka.gv.at/GeltendeFassung.wxe?Abfrage=-Bundesnormen&Gesetzesnummer=10002296 Stand: 29.12.2009
57 § 146d. ABGB; Doralt, Werner (Hg.) (2008), S. 27
58 Pforr, Ursula (2008): Wenn Menschen mit geistiger Behinderung Eltern werden, in: Mesdag, Thomas/ Pforr, Ursula (Hg.) (2008): „Phänomen geistige Behinderung“. Ein psychodynamischer Verstehansatz, Reihe: Psychoanalytische Pädagogik Band 28, Gießen, S. 204
59 Sailer-Lauschmann, Irene; Schönwiese, Volker (2000): Sexualität und geistige Behinderung, erschienen in: Sexuologie – Zeitschrift für sexualmedizinische Fortbildung und Forschung, Nr. 2/2001, S. 94-100, wiederveröffentlicht im Internet, http://bidok.uibk.ac.at/library/schoenwiese-sailer-sexualitaet.html
60 vgl. Walter (1980), S. 163
61 Friske, Andrea (1995), zit. nach Gellenbeck (2001), S. 69
62 Pixa-Kettner et al. (1996), S. 175
63 Interview 6, Zeile 94-97
64 vgl. Pixa-Kettner (2008), S. 9 und persönliche Anfrage
65 vgl. Fröhlingsdorf, Michael (2002): Justiz. Drei mal vier ist elf. In: DER SPIEGEL 47/2002 am 18. 11. 2002, http://www.spiegel.de/spiegel/print/d-25718127.html
66 vgl. Bauer, Thomas; Ertl, Andrea (2009): Familienrecht und Außerstreitrecht, in: Loderbauer, Brigitte (Hg.) (2009): Recht für Sozialberufe, S. 30
67 o.V. (2008): Gesetz zu dem Übereinkommen der Vereinten Nationen vom 13. Dezember 2006 über die Rechte von Menschen mit Behinderungen sowie zu dem Fakultativprotokoll vom 13. Dezember 2006 zum Übereinkommen der Vereinten Nationen über die Rechte von Menschen mit Behinderungen http://files.institut-fuer-menschenrechte.de/437/Behindertenrechtskonvention.pdf, S. 17
68 Interview 2, Zeile 126-129

69 vgl. Gitschthaler, Edwin (2008): Unterhaltsrecht, Wien, 2. Aufl., S. 266ff
70 ebd., S. 88 (Hervorhebung Gitschthaler)
71 vgl. ebd., S. 267 und 271
72 vgl. Interview 2 Zeile 66 und Interview 5 Zeile 78-79
73 vgl. Interview 4 Zeile 57 und Interview*XX?* Zeile 25-34
74 vgl. Interview 3 Zeile 30- 34 und Interview 1 Zeile 36-42
75 Interview 6 Zeile 29-31
76 vgl. Interview 5 Zeile 46 und Interview 2 Zeile 14-20 und 115-116
77 vgl. Interview 6 Zeile 23-26
78 vgl. Interview Abteilung Soziales Zeile 20-54
79 vgl. Interview 2 Zeile 72-75, Interview 5 Zeile 90-92 und Interview 6 Zeile 138-139
80 vgl. Interview 1 Zeile 61-63
81 Interview 5 Zeile 311-313
82 Interview 5 Zeile 216-218
83 vgl. Interview 2 Zeile 127-147 und 271-272
84 vgl. Interview 6 Zeile 138-149
85 vgl. ebd., Zeile 92-94
86 Interview 6 Zeile 99-101
87 vgl. Erikson, Erik H. (1971) zit. nach Walter (2005), S. 295 und Kapitel 4 dieser Arbeit
88 vgl. Interview 3 Zeile 69-74 und Interview 7 Zeile 60-68
89 vgl. Interview 7 Zeile 92-94
90 vgl. ebd. und Interview 4 Zeile 87
91 vgl. Interview 3 Zeile 74-81
92 vgl. Interview 5 Zeile 101-112
93 vgl. Interview 3 Zeile 99-113
94 vgl. Interview 4 Zeile 121-124 und Interview 6 Zeile 398-403
95 vgl. Interview 2 Zeile 190-205
96 vgl. Interview 1 Zeile 105-111, Interview 3 Zeile 119-139 und Interview 7 Zeile 72-73
97 Interview 6 Zeile 272-273
98 vgl. Interview 4 Zeile 138-152
99 Interview 3 Zeile 290-292
100 Interview 7 Zeile 92-93
101 vgl. Interview 3 Zeile 177-178
102 vgl. Interview 1 Zeile 142-162, Interview 2 Zeile 209-220, Interview 3 Zeile 166-169, Interview 4 Zeile 192 -202, Interview 5 Zeile 326-332, Interview 6 Zeile 277-291 und Interview 7 Zeile 94-96

103 vgl. Interview 1 Zeile 163-166, Interview 4 Zeile 156-168 und Interview 6 Zeile 277-285

104 Interview 4 Zeile 173

105 vgl. Interview 1 Zeile 180-184 und Interview Verein Senia Zeile 229-233

106 vgl. Interview 2 Zeile 235-237

107 vgl. Interview 1 Zeile 189-191, Interview 3 Zeile 262, Interview 4 Zeile 452-454 und Interview 5 Zeile 359- 364

108 vgl. Interview 2 Zeile 234-235, Interview 4 Zeile 452-453 und Interview Verein Senia Zeile 233-235

109 vgl. Interview 6 Zeile 295-300

110 Interview 6 Zeile 305-306

111 vgl. Interview 7 Zeile 102-105 und Interview 3 Zeile 188-193

112 Interview 5 Zeile 358-359

113 Interview 3 Zeile 279-280

114 vgl. Interessensvertretung Sozialunternehmen (o.J.), o.O., http://www.iv-sozialunternehmen.at/

115 IV Sozialunternehmen (o.J.): Stellungnahme zur Thematik Sexualität und Beeinträchtigungen, o.O., www.iv-sozialunternehmen.at/files/positionspapier_sexualitaet_und_behinderung.pdf, S. 2

116 Interview 3 Zeile 257-259

117 vgl. Interview 2 Zeile 248, Interview 5 Zeile 370-372 und Interview Verein Senia Zeile 208-216

118 vgl. Interview 1 Zeile 230-234, Interview 3 Zeile 284-300 und Interview 6 Zeile 309-314

119 vgl. Interview 4 Zeile 511-514

120 vgl. Interview 7 Zeile 136-143

121 vgl. Interview 4 Zeile 484 und Interview 7 Zeile 147-149

122 vgl. Interview 2 Zeile 253-255, Interview 3 Zeile 306-309, Interview 5 Zeile 381-390 und Interview 6 Zeile 241-254

123 vgl. Interview 1 Zeile 238-241

124 Interview Verein Senia Zeile 268-271

125 vgl. Interview Abteilung Soziales Zeile 58-62

126 vgl. Interview 1 Zeile 256-257, Interview 2 Zeile 259-263 und Interview 5 Zeile 447-453

127 vgl. Interview 5 Zeile 421-423

128 vgl. Interview 3 Zeile 333-363 und Interview 4 Zeile 507-508

129 vgl. Interview 1 Zeile 264, Interview 2 Zeile 285-290, Interview 5 Zeile 462, Interview 6 Zeile 370-372, Interview 7 Zeile 179-183 und Interview Verein Senia Zeile 243

130 Interview 2 Zeile 287-290
131 vgl. Interview 7 Zeile 179-183
132 vgl. Interview 6 Zeile 35 1-366 und Interview 2 Zeile 334-338
133 Interview 6 Zeile 323-324
134 Interview Abteilung Soziales Zeile 79
135 vgl. ebd., Zeile 79-102 und 143-158
136 vgl. Interview 2 Zeile 318-331
137 Interview 2 Zeile 264-269
138 vgl. Interview 2 Zeile 346-365
139 vgl. Interview 3 Zeile 386-407

Anhang

Interviewleitfaden – Einrichtungen der Behindertenhilfe

1. Können Sie mir kurz Ihren beruflichen Werdegang beschreiben?
2. Was ist Ihre Aufgabe in der Einrichtung?
3. Wie viele Menschen mit geistiger Behinderung werden in Ihrer Einrichtung betreut?
4. Ist das Thema „Kinderwunsch/ Elternschaft von Menschen mit geistiger Behinderung von Relevanz in Ihrer Arbeit/ in Ihrer Einrichtung?
5. Ist Ihnen ein Fall bzw. sind Ihnen Fälle von Schwangerschaft oder Elternschaft von Menschen mit geistiger Behinderung bekannt?

wenn JA:

- Wie viele „Fälle“ bekannt?
- Welche Unterstützung(en) benötigen die Eltern?
- Was ist mit dem Kind/ den Kindern passiert?
- Wenn das Kind/ die Kinder abgenommen wurden: wie bald (Alter des Kindes), aus welchem Grund? Welche Unterstützung wäre nötig gewesen, um Eltern(teil) und Kind nicht zu trennen?

wenn NEIN:

- Woran, glauben Sie, liegt das?

6. Gibt es in Ihrer Institution Regelungen, was im Falle einer Schwangerschaft einer Frau mit geistiger Behinderung geschehen soll?
7. Gibt es Regelungen in Bezug auf Verhütung, wenn eine sexuelle Beziehung eines Klienten/ einer Klientin bekannt wird?
8. Welche rechtlichen Rahmenbedingungen im Bereich Elternschaft von Menschen mit geistiger Behinderung kennen Sie?

9. Wie steht Ihre Einrichtung zur Elternschaft von Menschen mit geistiger Behinderung?
10. Welche Unterstützungsmöglichkeiten hat Ihre Einrichtung für Eltern mit geistiger Behinderung?
11. Welche Unterstützungsmöglichkeiten für Eltern mit geistiger Behinderung kennen Sie in OÖ?
12. Vermuten Sie (mehr) Bedarf nach solchen Unterstützungen bzw. Einrichtungen?

Interviewleitfaden – Verein Senia

1. Können Sie kurz Ihre Berufsausbildung bzw. Ihren beruflichen Werdegang beschreiben?
2. Und seit wann sind Sie in der Einrichtung tätig?
3. Was ist da Ihr Tätigkeitsbereich?
4. Können Sie kurz etwas zur Fachtagung „Herausforderung Elternschaft“ erzählen?
5. Sind Ihnen Fälle von Elternschaften von Menschen mit geistiger Behinderung bekannt? Wie viele Fälle sind Ihnen bekannt?
6. Welche Vor- und Nachteile sehen Sie z.B. in der stationären, teilstationären und ambulanten oder mobilen Begleitung oder Betreuung von Elternschaften von Menschen mit geistiger Behinderung?
7. Und welche Rahmenbedingungen würden Sie sich im Zusammenhang mit der Betreuung von Elternschaften von Menschen mit geistiger Behinderung wünschen?
8. Welche Rahmenbedingungen, vor allem rechtliche Rahmenbedingungen, im Bereich Elternschaft von Menschen mit geistiger Behinderung sind Ihnen bekannt bzw. kennen Sie?
9. Glauben Sie, dass das Thema Begleitung von Elternschaften von Menschen mit geistiger Behinderung in den nächsten Jahren relevanter wird?
10. Sind Ihnen Unterstützungsangebote für Eltern mit geistiger Behinderung in Oberösterreich bekannt?

Interviewleitfaden – Land OÖ/ Abteilung Soziales

1. Was sind Ihre Aufgaben in der Abteilung Soziales beim Land Oberösterreich?
2. Ist das Thema Kinderwunsch/ Elternschaft von Menschen mit geistiger Behinderung in Ihrer Arbeit von Relevanz?
3. Ist Ihnen ein Fall bzw. sind Ihnen Fälle von Elternschaften von Menschen mit geistiger Behinderung bekannt? Wie viele „Fälle“ sind Ihnen bekannt?
4. Gibt es Unterstützungsmöglichkeiten für Eltern mit geistiger Behinderung in OÖ?
5. Sehen Sie Bedarf nach speziellen Unterstützungen bzw. Einrichtungen?
6. Sind bereits solche Angebote in Planung?
7. Wurden bereits Konzepte betreffend „unterstützter Elternschaft“ an Sie/ an das Land herangetragen?
8. Wie sehen Sie die Elternschaft von Menschen mit geistiger Behinderung?
9. Gibt es noch etwas, das Sie ergänzen/ hinzufügen möchten?

Mütterlichkeit versus Distanz in der Familiären Krisenpflege

Johanna Rothbauer

Begutachterin:
Dr.in Petra Wagner

Danksagung

An dieser Stelle möchte ich mich bei all jenen bedanken, die zum Entstehen meiner Bachelorarbeit in unterschiedlichster Weise beigetragen haben.

Ein besonderer Dank gilt hierbei meiner Bachelorbetreuerin Frau Prof. (FH) Mag.a Dr.in Petra Wagner für die fachliche Unterstützung und die Beantwortung unterschiedlichster Fragen.

Ein weiterer Dank gilt dem Team der Familiären Krisenpflege des „Verein für Pflege- und Adoptivfamilien OÖ“, das mich herzlich empfangen und meine Leitfragen geduldig beantwortet hat. Ohne ihre Mithilfe wäre diese Arbeit nicht möglich gewesen.

Inhaltsverzeichnis

1. Einleitung

Die Familiäre Krisenpflege stellt in den meisten Fällen eine Gefahr-in-Verzug-Maßnahme der Jugendwohlfahrt dar. Diese beinhaltet die Trennung der Kinder von den Bezugspersonen und deren zwischenzeitliche Betreuung in einem stabilen familiären Umfeld. Die Familiäre Krisenpflege nimmt mittlerweile einen Zeitraum von durchschnittlich acht Monaten ein. Daher stellt sich die Frage, ob Kinder, die in dieser Familie meist das erste Mal eine stabile und verlässliche Betreuungsperson erleben, eine Bindung zur Krisenmutter aufbauen und welche Konsequenzen eine solche Bindung für die weitere Entwicklung haben kann.

Ziel der vorliegenden Arbeit ist es, die Sinnhaftigkeit eines Bindungsaufbaus in der Familiären Krisenpflege herauszuarbeiten und dabei auf die bestmögliche Förderung und Entwicklung der Kinder zu achten. Dazu wurde zunächst eine Literaturrecherche zum Thema Familiäre Krisenpflege und soziale Bindungstheorie durchgeführt. Darauf aufbauend erfolgte eine empirische Untersuchung der derzeitigen Praxis und deren Auswirkungen auf die Kinder mittels Leitfadeninterview.

Im Rahmen dieser Arbeit wurden folgende Forschungsfragen formuliert:
Welche Formen und welches Ausmaß von Bindungen sind in der Familiären Krisenpflege möglich; kann man hier überhaupt von Bindung sprechen? – Welchen Stellenwert nimmt sie ein? – Ist eine Bindung der Krisenmutter zum Krisenkind aufgrund der bevorstehenden Trennung sinnvoll?

Weiters wurde in den Vorbereitungsstunden für die Bachelorarbeit folgende Annahme im Rahmen der Arbeit diskutiert: Ein sicheres Bindungsmodell beeinflusst die Entwicklung und den Selbstwert des

Kindes positiv. Trotz vieler Trennungserfahrungen und Beziehungsabbrüche und deren Auswirkungen auf die kindliche Entwicklung ist es sinnvoller, eine Bindung aufzubauen.

Um diese Fragen beantworten zu können, wurde die vorliegende Bachelorarbeit in einen theoretischen und einen empirischen Teil gegliedert. Diese beiden Methoden werden jedoch nicht getrennt voneinander bearbeitet, sondern fließen gemeinsam in die Bachelorarbeit ein. Der empirische Teil resultiert aus Befragungen der Mitarbeiterinnen des „Vereins für Pflege- und Adoptivfamilien OÖ". Diese Untersuchung wurde mittels Leitfadeninterview durchgeführt. Der theoretische Teil umfasst Erarbeitungen aus der derzeit vorhandenen Literatur zur Thematik der Familiären Krisenpflege und der Bindungstheorie.

Der Begriff Familiäre Krisenpflege wird in Deutschland als „Familiäre Bereitschaftsbetreuung" bezeichnet. Da in der vorliegenden Arbeit Literatur aus Österreich und aus Deutschland verwendet wird, werden diese Begriffe nebeneinander stehen; sie sind jedoch synonym zu verstehen. Weiters wird in der gesamten Bachelorarbeit die Hauptbetreuungsperson in der Familiären Krisenpflege als Krisenmutter bezeichnet. Außerdem wird für das Kind, das in der Familiären Krisenpflege untergebracht ist, der Begriff Krisenkind verwendet.

Die Arbeit beginnt mit der Beschreibung der methodischen Herangehensweise im empirischen Teil. Darauf wird der Ablauf der Familiären Krisenpflege dargestellt. Hier wird ein besonderer Aspekt auf die Veränderung der Betreuungsdauer gelegt. Im vierten Kapitel werden die für diese Arbeit relevanten Ergebnisse der Bindungstheorie beschrieben. Es wird näher auf den Bindungsaufbau und die Bindungstypen eingegangen. Darauf aufbauend werden die beiden Themen zusammengeführt. Dazu werden im fünften Kapitel die Erkenntnisse vereint und in Bezug auf die Trennung von den leiblichen Eltern diskutiert. Ebenso werden daraus entstehende Konsequenzen für den weiteren Bindungsaufbau beschrieben. Das sechste Kapitel verdeutlicht den Erstkontakt und die Aufnahme des Kindes in die Krisenfamilie. Dazu werden Einstiegsprobleme in die Betreuung und der Beziehungsaufbau näher erläutert. Kapitel sieben stellt den Betreuungsverlauf und den Bindungsaufbau in der Familiären Krisenpflege dar. Es werden Folgen der vorangegangenen Bindungen und Trennungserfahrungen veranschaulicht. Im achten Kapitel werden die Trennung von den Krisenfamilien beschrieben und die daraus entstehenden Probleme für Krisenmutter und Krisenkind behandelt. Abschließend werden die daraus resultierenden Konsequenzen für die Soziale Arbeit in der Familiären Krisenpflege angeführt und diskutiert.

2. Methodische Herangehensweise

In diesem Kapitel erfolgt eine Beschreibung der methodischen Herangehensweise. Es werden die in dieser Arbeit verwendete Literaturanalyse und die empirische Untersuchung näher erläutert.

Die Bachelorarbeit wurde mittels qualitativer Literaturanalyse und qualitativer Experteninterviews erstellt. Die qualitative Literaturanalyse stellt den Hintergrund der im Interview bearbeiteten Themen dar. Die ausgewählte Literatur setzt sich aus der derzeit vorhandenen Fachliteratur zusammen. Zur Vertiefung dieser Thematik wurden leitfadengestützte Interviews mit Mitarbeiterinnen des „Verein für Pflege- und Adoptiveltern OÖ“ geführt. Diese Interviews ermöglichten es, in der Bachelorarbeit verschiedene Themen gleichzeitig zu behandeln und einen Schwerpunkt auf bestimmte Themengebiete und Fragen zu setzen.[1]

Im Folgenden wird auf die Auswahl der Interviewpartnerinnen und die Erstellung des Leitfadeninterviews näher eingegangen.

2.1 Auswahl der Interviewpartnerinnen

Zunächst werden die Auswahlkriterien der Interviewpartnerinnen angeführt. Anschließend werden der Verein, in dem die Interviewpartnerinnen tätig sind, sowie die Interviewpartnerinnen selbst genauer beschrieben.

Die Auswahl der Interviewpartnerinnen schließt auf die Qualität der Informationen. Diese schlägt sich wiederum in der Qualität der Bachelorarbeit nieder. Bevor die InterviewpartnerInnen ausgewählt wurden, mussten Informationen über Professionen eingeholt werden, welche über das Wissen dieser bestimmten Thematik verfügen. Zusätzlich hängt die Erstellung von qualitativen ExpertInnen-interviews von den befragten Personen ab. Die ExpertInnen müssen sich bereit erklären, an dem Interview teilzunehmen und auch zeitliche Ressourcen aktivieren zu können. Dadurch entsteht die tatsächliche Anzahl der Interviews.[2] Mit diesen Erkenntnissen im Hintergrund setzte sich die Gruppe der Befragten aus Personen zusammen, die im behandelten Bereich tätig und für die Betreuung von Krisenfamilien verantwortlich sind.

Die Auswahl der Interviewpartnerinnen erfolgte nach bestimmten Kriterien. Die Personen der ausgewählten Gruppe mussten für die Begleitung und Unterstützung von Krisenmüttern zuständig sein. Wichtig war außerdem, dass sie zum Zeitpunkt der Befragung in der Abteilung Familiäre Krisenpflege erwerbstätig waren und somit als ExpertInnen für die Betreuung von Krisenkindern galten.

Entsprechend den angeführten Kriterien wurde der „Verein für Pflege- und Adoptiveltern OÖ" kontaktiert. In diesem Verein gibt es eine Gruppe von Personen, die speziell für die Angelegenheiten von Krisenabnahmen zuständig sind. Hier findet eine Unterscheidung zwischen einer Krisenunterbringung in einer stationären Einrichtung und einer zwischenzeitlichen Betreuung in der Familiären Krisenpflege statt. Die Mitarbeiterinnen der Familiären Krisenpflege haben zugestimmt, im Rahmen eines Leitfadeninterviews Auskunft über ihre Tätigkeit und die Thematiken in diesem Zusammenhang zu geben. Alle fünf Mitarbeiterinnen erklärten sich für ein Expertinneninterview bereit. Alle Mitarbeiterinnen sind in der Familiären Krisenpflege des „Vereins für Pflege- und Adoptiveltern OÖ" tätig.

Die Familiäre Krisenpflege des „Vereins für Pflege- und Adoptiveltern OÖ" kümmert sich in Krisenfällen um Kinder bis zum vierten Lebensjahr, wobei keine weiteren Aufnahmekriterien vorhanden sind. Es können daher auch Säuglinge und Kleinkinder mit Beeinträchtigungen und/ oder Erkrankungen sein. Ziel dieser Maßnahme ist die kurzfristige Aufnahme in einem stabilen familiären Umfeld, um in Krisenfällen die altersgerechte Versorgung und Erziehung der Kinder gewährleisten zu können. Zu Krisenfällen zählen Familiensysteme mit Problemen jeder Art, aufgrund deren die leiblichen Eltern das Wohl des Kindes aus den verschiedensten Gründen nicht sicherstellen können. Da die Familiäre Krisenpflege begrenzt ist, werden in dieser Zeit differenzierte Formen des Beziehungsaufbaus und der Beziehungsgestaltung von den Krisenpflegeeltern gefordert.

Die betroffenen Kinder wurden früher vorwiegend in Heimen untergebracht. Die Familiäre Krisenpflege soll als eine Alternative dafür gesehen werden, da bei Säuglingen und Kleinkindern ein Heimaufenthalt mit vielen verschiedenen Bezugspersonen eine zusätzliche Belastung darstellen würde. Säuglinge und Kleinkinder benötigen, um adäquate Entwicklungsfortschritte erlangen zu können, eine stabile Betreuungsperson, die sich um sie kümmert. Je nach individuellem Fall und Zielsetzung der Familiären Krisenpflege dient diese Intervention auch der Abklärung und Adaption der familiären Situation, um eine Rückführung des Kindes zu ermöglichen. Andererseits kann sie auch, bei einer folgenden Dauerunterbringung in sozialpädagogische Einrichtungen oder bei Pflegeeltern, dem Abschiednehmen von den leiblichen Eltern dienen. Die Unterbringung bei Krisenpflegeeltern erleichtert dem Kind die Trennung durch die zur Verfügung gestellte Zeit und den Raum, indem das Kind Abstand zur Krisensituation bekommen kann. Dabei erhält es die Unterstützung der Krisenpflegeeltern. Diese Verarbeitung der Trennung ist besonders wichtig, damit das Kind in seinem zukünftigen Leben weitere Bindungen und Beziehungen eingehen kann.[3]

Aufbauend auf die Arbeitsweise im Verein werden nun die Interviewpartnerinnen genauer beschrieben. Um die Anonymität gewährleisten zu können, werden die Informationen zusammenfassend dargestellt.

Alle Interviewpartnerinnen sind weiblich und als Sozialarbeiterinnen tätig. Ihre Beschäftigungsdauer im „Verein für Pflege- und Adoptiveltern OÖ" ist unterschiedlich. Die Zeitspanne reicht von wenigen Monaten bis zu fünfzehn Jahren. Weiters haben die Mitarbeiterinnen unterschiedliche Aufgabenbereiche.
Diese setzen sich zusammen aus:
Begleitung von Besuchskontakten
Begleitung und Unterstützung der Krisenfamilie
Zusammenarbeit mit der Jugendwohlfahrt
Personalauswahl, organisatorische Aufgaben und wissenschaftliches Arbeiten

Bei der Durchführung der Interviews wurden die Räumlichkeiten des Vereins für Pflege- und Adoptiveltern OÖ genutzt. Die Sozialarbeiterinnen wirkten während der gesamten Befragung sehr offen und engagiert. Ihre aktive Mitarbeit lässt auf die Bereitschaft einer positiven Weiterentwicklung der Sozialen Arbeit in diesem Tätigkeitsfeld schließen.

Im Folgenden wird der Interviewleitfaden näher erläutert.

2.2 Interviewleitfaden

Dieser Abschnitt behandelt die Erstellung des Leitfadeninterviews und die weitere methodische Bearbeitung der Interviews.

Ziel der Interviews war es, einen professionellen Einblick in die Intervention der Familiären Krisenpflege zu erhalten. Die Interviewpartnerinnen sollten ihre Arbeitsweise und die daraus resultierenden Erfahrungen beschreiben. Dadurch konnte der Beziehungs- und Bindungsaufbau zwischen den Krisenkindern und der Krisenmutter beleuchtet werden. Ein besonderer Schwerpunkt wurde hierbei auf die drei Hauptthemen der Arbeit gelegt. Diese stellen die Aufnahme von Kindern in die familiäre Krisenpflege, die Bindungs- und/ oder Beziehungsgestaltung im Rahmen der Betreuung und die Trennung vom Krisenkind dar. Diese Schwerpunkte wurden gesetzt, um das Bindungsverhalten und den Bindungsaufbau erfassen zu können. Der gesamte Interviewleitfaden ist dem Anhang zu entnehmen.

Im ersten Schritt wurden die Interviews transkribiert. Es wurden nur Inhalte transkribiert, die für die Erstellung dieser Arbeit inhaltlich relevant sind. Nichtverbale Äußerungen sind nur bei Bedeutung für die Thematik in die Transkription eingeflossen. Die Interviews wurden in der Alltagssprache geführt. Sie wurden zum besseren Verständnis und zur besseren Lesbarkeit teilweise ins Hochdeutsche übersetzt; bei Bedarf wurden grammatikalische Veränderungen vorgenommen.

Den Zitaten und der inhaltlichen Darlegung wurden jeweils Zeilennummern gegeben. Zusätzlich wurde zum inhaltlichen Vergleichen der Interviews eine Tabelle erstellt. Die Fragen des Leitfadeninterviews dienten hier als Basis der Auswertung. Die Antworten der Interviewpartnerinnen wurden dazu den Fragen zugeordnet und zur besseren Übersicht in ein Raster gegliedert.

Nach der methodischen Herangehensweise folgt nun der Einstieg in die Thematik mit einer Verdeutlichung der Intervention der Familiären Krisenpflege. Dabei wird vor allem auf den Ablauf und die Dauer der Krisenpflege näher eingegangen.

3. Familiäre Krisenpflege

Zunächst folgt eine Einführung in die Familiäre Krisenpflege. Die Grundlagen dafür liefern das Konzept der Familiären Krisenpflege von Pflege- und Adoptiveltern OÖ[4] und die Forschungsarbeit des Deutschen Bundesministeriums für Familie, Senioren, Frauen und Jugend[5]. Dabei wird vor allem auf den Ablauf der Familiären Krisenpflege eingegangen, um die Intervention zu veranschaulichen und die daraus resultierende Problematik besser verstehen zu können. In Bezug auf den Bindungsaufbau ist der Zeitrahmen der Familiären Krisenpflege von besonderer Bedeutung. Daher wird die Dauer der Betreuung in einem gesonderten Kapitel ausführlicher behandelt.

In der Vergangenheit fand die Familiäre Bereitschaftsbetreuung, die mit der österreichischen Familiären Krisenpflege gleichzusetzen ist, hauptsächlich in Heimen statt. Erst zu Beginn der 90er Jahre etablierte sie sich als eigenständige Betreuung in einem stabilen familiären Umfeld. Gerade bei Säuglingen und Kleinkindern wird seither zunehmend auf den Aspekt einer familiären Unterbringung geachtet, da positive Auswirkungen auf die Entwicklung des Kindes festgestellt werden konnten.[6]

In den letzten Jahren hat sich die Interventionsweise der Jugendwohlfahrt verändert. Es wird immer mehr darauf geachtet, dass Kinder so lange wie möglich in ihrer Herkunftsfamilie und bei ihren Bindungspersonen bleiben können. Wird jedoch die Versorgung der Grundbedürfnisse in der Herkunftsfamilie nicht sichergestellt, werden Kinder unter drei Jahren meist kurz-, aber leider auch langfristig in einer Familiären Krisenpflege untergebracht, bis eine weitere Perspektive und Nachfolgeeinrichtung für sie gefunden und organisiert werden kann. Die Krisenpflegefamilien erklären sich bereit, Kinder in Not auf- und anzunehmen. Krisenpflegeeltern sollten fähig sein, schnell eine Bindung zum Krisenkind aufzubauen und sie trotzdem anschließend wieder loslassen zu können. Manche traumatisierte Kinder benötigen jedoch eine andere Unterbringung, da sie dem familiär strukturierten Umfeld momentan nicht gewachsen sind. Während der Familiären Krisenpflege muss für das Kind eine Perspektive erarbeitet werden, welche adäquat und langfristig für das Kind sein sollte.

Suess und Pfeifer[7] sind der Meinung, dass in den Beziehungsaufbau sehr viel Zeit investiert werden muss. Sie weisen darauf hin, dass Beziehungsaufbau aufgrund von gemeinsamen Erfahrungen stattfindet und dies ein bis zwei Jahre dauert.

„Zunächst steht der Aufbau von Vertrauen, Rückhalt, Geborgenheit und Sicherheit im Vordergrund. Hat das Kind dann aufgrund feinfühliger Zuwendung Vertrauen gefasst, wird es die Grenzen austesten und seine Autonomiewünsche äußern.“[8]

In dieser Zeit kann man auch die alten Beziehungsmuster, den darin erfahrenen Ärger und die traumatischen Erfahrungen und Gefühle des Kindes erkennen.[9] Somit sind in einer Unterbringung immer auch die bereits erlebten Bindungserfahrungen und -muster sowie das Alter des Kindes zu berücksichtigen. Dieser reflektierte Umgang ist Voraussetzung für eine gelingende Soziale Arbeit mit Kindern.[10]

Im Folgenden wird zur besseren Veranschaulichung der Familiären Krisenpflege der konkrete Ablauf beschrieben.

3.1 Ablauf der Familiären Krisenpflege

Zunächst wird genauer auf die Aufnahme eingegangen. Anschließend werden Rahmenbedingungen währen der Familiären Krisenpflege und der Übergang in die nachfolgende Betreuung erläutert.

Im Regelfall setzt sich der Ablauf der Familiären Krisenpflege aus folgenden Schritten zusammen: Zunächst stellt die Jugendwohlfahrt eine Anfrage für eine Krisenunterbringung bei Krisenpflegeeltern an den „Verein für Pflege- und Adoptivfamilien OÖ". Die SozialarbeiterInnen suchen daraufhin, in Kooperation mit dem Verein, eine passende Familie für das betroffene Kind aus. Der Kontakt mit den Krisenpflegeeltern wird hergestellt. Diese entscheiden nun, ob sie das Kind in ihre Familie aufnehmen möchten oder nicht. Wenn ja, folgt innerhalb kürzester Zeit die Aufnahme. Die Anfragen werden meist sehr kurzfristig gestellt und es bleibt in der Praxis oft kaum Zeit, sich auf die Aufnahme länger vorzubereiten, da sie häufig innerhalb eines Tages erfolgen muss. Es gibt zwei Möglichkeiten der Aufnahme: Entweder erfolgt sie im Verein oder im Krankenhaus. Auf beide Varianten wird im Folgenden genauer eingegangen.

Aufnahme im Verein

Im Regelfall erfolgt die Aufnahme im Verein. Im Idealfall sind alle Beteiligten, d.h. die zuständige SozialarbeiterIn der Jugendwohlfahrt, Kindeseltern, Krisenpflegefamilie und eine SozialarbeiterIn des Vereins anwesend. Leider ist das oft nicht möglich, da die Situation besonders für Kindeseltern sehr schwierig und belastend ist und somit oft verweigert bzw. vermieden wird. Die Aufnahme soll grundsätzlich in kurzer Zeit stattfinden. Es werden Informationen ausgetauscht, auch über medizinische Befunde, Ernährung und Pflege, eventuell erforderliche oder bereits durchgeführte Therapien und über Schwangerschaft und Geburtsverlauf.

Aufnahme aus dem Krankenhaus

Ist das Kind bereits stationär im Krankenhaus (z.B. auf Grund eines körperlichen Missbrauchs der leiblichen Eltern), findet die Aufnahme nach der Genesung des Kindes im Krankenhaus statt. Auch hier sind die Kindeseltern in der Realität nur selten dabei. Die Krisenpflegeeltern werden dann vom zuständigen Personal über den Betreuungsbedarf des Kindes, medizinische Befunde, über Ernährung

und Pflege und über weitere Untersuchungen und eventuell erforderliche Therapien informiert.
Bevor das Kind in die Krisenfamilie kommt, sollte den leiblichen Eltern das vorübergehende Verabschieden ermöglicht werden. Nehmen die leiblichen Eltern diese Gelegenheit nicht wahr, besteht die Möglichkeit, dies beim ersten Besuchskontakt nachzuholen. Wenn möglich, sollten dem Kind persönliche Dinge mitgegeben werden, um ihm den Abschied und den Übergang in die Krisenpflegefamilie zu erleichtern. Krisenunterbringungen werden als Inkognito-Unterbringungen geführt. Das heißt, die leiblichen Eltern erfahren den Vornamen der Krisenpflegeeltern. Alle anderen Daten werden jedoch nicht weitergegeben. Dies hat den Grund, dass sich die Krisenpflegeeltern vollkommen auf die Betreuung des Kindes konzentrieren können, ohne dass Probleme von außen an sie herangetragen werden können.

Während der Betreuung in der Familiären Krisenpflege finden Besuchskontakte zu den leiblichen Eltern statt. Der erste Besuchskontakt wird bereits kurz nach der Aufnahme angesetzt. Die Besuchskontakte finden im „Verein für Pflege- und Adoptiveltern OÖ" statt, damit die leiblichen Eltern nicht ohne SozialarbeiterInnen auf die Krisenpflegeeltern treffen. Die Anzahl und Intensität der Besuchskontakte ist je nach Intervention (Rückführung oder dauerhafte Unterbringung) unterschiedlich. Ein bis zwei Wochen nach der Aufnahme in die Krisenpflegefamilie wird ein Helferkreis organisiert. Dieser soll der Klärung von Zukunftsperspektiven der Kinder dienen.

Zu Beginn der Betreuung in der Krisenfamilie wird eine psychosoziale Diagnostik des Kindes vorgenommen, um Entwicklungsauffälligkeiten feststellen und entsprechend reagieren zu können. Während der Familiären Krisenpflege wird eine Entscheidung, entweder für eine dauerhafte Unterbringung oder eine Rückführung zu den leiblichen Eltern, getroffen. Ist eine dauerhafte Unterbringung notwendig, erfolgt eine Anbahnung zur Pflegefamilie oder zur nachfolgenden Einrichtung. Nach der Anbahnung übersiedelt das Kind. Darauf findet eine Nachbetreuung statt. Sie dient der Trauerarbeit für das Kind und die Krisenpflegefamilie. Daher sind Besuche der Krisenpflegeeltern unmittelbar nach der Übersiedlung von besonderer Bedeutung. Sie sollen Ängsten vorbeugen und dem Kind ermöglichen, sich auf Neues einlassen zu können. Die Dauer der Rückführung zu den leiblichen Eltern hingegen ist in der Regel kürzer als die Anbahnung zu den Pflegeeltern, da die Bindung zu ihnen durch laufende Besuchskontakte während der Betreuung aufrechterhalten wurde. Auch bei einer Rückführung wird eine Nachbetreuung angeboten.[11]

3.2 Dauer der Familiären Krisenpflege

Hier wird die derzeitige Dauer anhand der Interviews erarbeitet. Anschließend werden die Gründe dafür angeführt.

Das Konzept der oberösterreichischen Familiären Krisenpflege des „Vereins Pflege- und Adoptiveltern OÖ" schreibt einen Zeitraum von maximal drei Monaten für die Aufnahme von Kindern in Krisenfamilien vor. Es wird zwar erwähnt, dass sich die Dauer notwendigerweise nach der Individualität der Fälle richten muss, die Unterbringung jedoch so kurz wie möglich zu gestalten sei.[12]

Erstaunlich ist in diesem Zusammenhang, dass sich die Interviewpartnerinnen auf eine derzeitige Durchschnittsdauer der Krisenunterbringung von acht Monaten festlegten.[13] Auf die Frage nach der Veränderung des Aufenthalts während der vergangenen Arbeitszeit berichteten Mitarbeiterinnen, die bis zu dreieinhalb Jahre in der Einrichtung arbeiten, dass die Durchschnittsdauer in dieser Zeit ziemlich konstant geblieben ist. Mitarbeiterinnen, die bis zu fünf Jahre im Verein arbeiten, gaben an, dass es zum Zeitpunkt ihres Arbeitseinstieges zwar einige längere Betreuungszeiten gegeben hat, welche jedoch von vielen kürzeren ausgeglichen wurden. Kürzere Betreuungszeiten sind in den letzten Jahren sehr selten geworden.[14]

Laut Angaben einer weiteren Mitarbeiterin sind schon im Jahr 1996 die meisten Krisenpflegeinterventionen im Zeitraum von fünf Monaten abgehandelt worden. Die durchschnittliche Betreuungsdauer ist seither stark gestiegen. In den letzten zwei Jahren war wieder ein starker Anstieg von sechseinhalb auf acht bis achteinhalb Monate erkennbar.[15]

Die zwei Hauptgründe, die für den Anstieg der Dauer genannt wurden, sind die Überlastung bei Gericht, die die Krisenpflege durch das Warten auf eine Gerichtsentscheidung verlängert, und das Fehlen von adäquaten Folgeeinrichtungen. In den Abnahmefällen wird bei der Gerichtsentscheidung zunehmend auf einen Gutachter zurückgegriffen, um die familiäre Situation in der leiblichen Familie abzuklären. Hinzu kommen die Dauer des Verfahrens und die unterschiedlichen Auflagen der leiblichen Eltern. Ein weiteres Problem stellt die Organisation der Nachfolgeeinrichtung bei Dauerunterbringungen dar. Diese Unterbringungen sollen individuell nach den kindlichen Bedürfnissen ausgewählt und adaptiert werden.[16]

Hier kann das Deutsche Bundesministerium für Familie, Senioren, Frauen und Jugend[17] zum Vergleich dienen, dass lange Aufenthaltsdauern in den Krisenfamilien vor allem Säuglinge und Kleinkinder betreffen. Die empirische Untersuchung dieses Praxisforschungsprojekts, durchgeführt vom deutschen Jugendinstitut, hat gezeigt, dass in Deutschland Kinder bis zum vollendeten dritten Lebensjahr mit 42,6 Prozent die größte Gruppe der Kinder in familiärer Bereitschaftsbetreuung sind. Diese Kinder verbleiben jedoch unterschiedlich lange in der Betreuung. 29,9 Prozent beenden die familiäre Bereitschaftsbetreuung binnen drei Wochen. Bei 40,6 Prozent der Kinder dauert die Betreuung drei Wochen bis drei Monate, bis eine nachführende Unterbringung gefunden werden kann. Knapp 20 Prozent verbleiben bis zu sechs Monate in der betreuenden Familie und für zehn Prozent der Kinder kann erst nach sechs Monaten eine geeignete Folgeunterbringung oder Rückführung organisiert werden. Die Untersuchung ergibt jedoch, dass von zehn Prozent der Kinder, die länger als sechs Monate in der familiären Bereitschaftsbetreuung sind, vor allem Babys und Kleinkinder im Alter bis zum dritten Lebensjahr betroffen sind.[18] Wobei auch das deutsche Konzept der familiären Bereitschaftspflege die Dauer, für welche das Kind bei der Krisenfamilie untergebracht ist, auf drei bis sechs Monate begrenzt. Auch hier sind die Gründe für die Ausweitung der Betreuungsdauer das gerichtliche Verfahren und der Mangel an Folgeeinrichtungen.[19]

Laut Konzept des „Vereins für Pflege- und Adoptiveltern OÖ“ müssen Fälle der Krisenpflege, die den Zeitraum von drei Monaten überschreiten, begründet und der Verlängerung von der Jugendwohlfahrt zugestimmt werden.[20]

Zusammenfassend kann festgestellt werden, dass sich die kurzzeitige Betreuung der Familiären Krisenpflege aufgrund von Gerichtsentscheidungen und das Fehlen von Nachfolgeeinrichtungen auf durchschnittlich acht Monate ausgedehnt hat. Beachtet man diese Zunahme der Dauer, stellt sich die Frage, ob in dieser Zeit eine Bindung zwischen Krisenmutter und Krisenkind entsteht.

4. Bindungstheorie

Aufbauend auf die Darstellung der Familiären Krisenpflege wird im diesem Kapitel ein Bezug zur Bindungstheorie hergestellt. Die Begriffe Bindung und Beziehung werden abgegrenzt. Darauf aufbauend folgen eine Beschreibung der Bindungstheorie und des Bindungsaufbaues. Anschließend werden die verschiedenen Bindungstypen dargestellt.

Kinder bauen ab dem Zeitpunkt der Geburt eine Bindung zu einer Person auf, die für sie da ist und für sie sorgt. Dabei kann das Kind aber nicht wählen, ob das Verhalten der Bezugsperson ein günstiges oder ein ungünstiges ist.[21]

John Bowlby begründete in den fünfziger Jahren die Bindungstheorie. Diese besagt, dass es

„... für die seelische Gesundheit des Kindes überaus wichtig ist, in den ersten Lebensjahren eine warme, intensive und beständige Beziehung zu seiner Mutter zu erleben (oder auch zu einer Mutter-Ersatz-Figur), in der beide Partner Befriedigung und Genuss finden."[22]

Ein Kind baut somit in seinem ersten Lebensjahr eine starke emotionale Bindung zu einer Bezugsperson auf. Diese stellt die Hauptbezugsperson für das Kind dar. Befindet sich das Kind in einer Situation, in der es sich ausgeliefert fühlt oder Angst hat, sucht es die Hauptbindungsperson als „sicheren Hafen" auf. Dort lässt es sich trösten und kann sich dann wieder der Erkundung seiner Umwelt zuwenden.[23] Sollte die Hauptbezugsperson in dieser Situation nicht da sein, können andere Bezugspersonen ersatzweise zum Trösten dienen, da für das noch unselbständige Kind eine Bezugsperson überlebenswichtig ist.[24] Äußert das Kind diese Bindungsbedürfnisse und sie werden befriedigt, wird das Bindungssystem beruhigt und das Kind kann sich wieder auf die Exploration der Umwelt konzentrieren.

„Je älter sie werden, umso öfter und weiter entfernen sich Kinder und Jugendliche von der elterlichen Basis, allerdings nur, wenn sie um deren Verlässlichkeit wissen.“[25]

Bowlby meinte, dass das Bindungsverhalten, das sich im ersten Lebensjahr entwickelt, während des ganzen Lebens aufrechterhalten bleibt. Aus diesem Grund kann auch beobachtet werden, dass sich Erwachsene in schwierigen Situationen an helfende Personen und Freunde wenden.[26] Die Bindungstheorie zeigt, dass sich die Qualität der Bindung zwischen Mutter und Kind innerhalb des ersten Lebensjahres bildet. Durch Langzeitstudien wird belegt, dass diese Bindungsmuster in den nächsten zehn Lebensjahren des Kindes relativ gleich bleiben.[27]

Mary Ainsworth fügte der Bindungstheorie von Bowlby das Konzept der Feinfühligkeit hinzu. Dieses besagt, dass sich Säuglinge an diejenigen Bezugspersonen binden, die sich am feinfühligsten um sie kümmern. Feinfühligkeit heißt in diesem Zusammenhang, dass die Bezugsperson die Bedürfnisse des Kindes wahrnimmt, richtig interpretiert und angemessen und prompt darauf reagiert.[28] In der Vergangenheit wurden auch Forschungen gemacht, die die Bedeutung der Sprache, des Rhythmus und der Zeit in die Bindungstheorie einfließen lassen.[29]

Anschließend an die Einführung wird im Folgenden eine Abgrenzung der Begriffe Beziehung und Bindung vorgenommen.

4.1 Abgrenzung, Beziehung und Bindung

Zunächst wird auf die Bedeutung der Abgrenzung zwischen den beiden Begriffen eingegangen. Danach wird Beziehung definiert. Darauf aufbauend wird Bindung von Beziehung abgegrenzt und die wesentlichen Merkmale einer Bindung werden beschrieben.

Die Grundbedingungen einer Bindung sind emotionale Sicherheit und Explorationsvermögen. Dies sind die Fundamente für eine kindliche Entwicklung. Trotzdem ist es oft umstritten, ob Kinder bei einer kurzfristigen Fremdunterbringung nicht neutral, d.h. von Bezugspersonen unabhängig, leben sollten, damit sie keine Bindung aufbauen können. Hierbei wird oft zu Heimen tendiert, damit die Kinder bei der erneuten Trennung keinen schweren Bindungsverlust erleben. Gegen diese Einstellung der kurzfristigen Heimunterbringung spricht die Tatsache, dass Bindungsaufbau zu betreuenden Erwachsenen nicht zu verhindern ist. Diese schwere Entscheidung entsteht zunehmend durch die sehr schwer trennbaren Begriffe Beziehung und Bindung, die oft synonym verwendet werden.

Beziehung bedeutet im Vergleich zur Bindung vielmehr einen länger andauernden Kontakt zwischen zwei Menschen. Man spricht von Arbeitsbeziehung oder Arzt-Patienten-Beziehung. Außerdem wird der Begriff Beziehung auch für eine Liebesbeziehung verwendet. Beziehungen können jedoch nach kurzer Zeit wieder beendet werden.

Bindung hingegen ist eine Art emotionales Band. Es ist eine lange Beziehung zwischen Bezugsperson und Kind, die emotional verankert ist. In einer Bindung beeinflusst man sich gegenseitig.[30] „Ebenso wie der Säugling das Gefühl braucht, zu seiner Mutter zu gehören, braucht die Mutter das Gefühl, zu ihrem Kind zu gehören."[31] Dadurch, dass die Mutter auf das Bindungsverhalten – z.B.: Schreien, Weinen ihres Kindes – reagiert, entwickelt sich die Qualität der

Bindung. Eine sichere Bindung verleiht dem Kind Sicherheit und Geborgenheit und somit auch Vertrauen. Die Bezugsperson stellt für das Kind einen sicheren Hafen dar, an den es sich jederzeit wenden kann, womit auch eine Exploration der Umwelt möglich wird. Eine Bindung, die einmal aufgebaut wurde, kann nicht durch eine neue Person ersetzt werden. Vielmehr werden zusätzliche Bindungen aufgebaut, wobei die erste Bindungserfahrung hierfür das Fundament setzt. Die bereits erlernten Bindungsmuster werden für den Aufbau weiterer Bindungen verwendet. Somit beeinflusst die erste Bindung das Bindungsvermögen im gesamten Leben. Für den Bindungsaufbau ist die Feinfühligkeit der betreuenden Person wichtig. Je altersgemäßer und offener die Person auf das Verhalten und die Bedürfnisse des Kindes reagiert, desto schneller wird das Kind eine Bindung zu dieser Person aufbauen.[32] Auch Bowlby versteht unter Bindungsverhalten

„jegliches Verhalten, das darauf ausgerichtet ist, die Nähe eines vermeintlich kompetenteren Menschen zu suchen oder zu bewahren, ein Verhalten, das bei Angst, Müdigkeit, Erkrankung und entsprechendem Zuwendungs- oder Versorgungsbedürfnis am deutlichsten wird.“[33]

Aufbauend auf die Begriffsdefinition wird im Folgenden der Bindungsaufbau näher erläutert. Es folgen Grundlagen der Bindungsthematik. Anschließend werden die drei Phasen des Bindungsaufbaus beschrieben.

4.2 Bindungsaufbau

In der Literatur gilt es als besonders wichtig, eine sichere Bindung zu zuverlässigen Bezugspersonen aufzubauen, da diese Bindung einer der wesentlichsten Schutzfaktoren für die kindliche Entwicklung ist. Jeder Mensch ist ein soziales Wesen, in dem ein Grundbedürfnis nach Sicherheit und Schutz vorhanden ist, welches durch soziale Bindungen und Beziehungen gestillt werden kann. Durch zahlreiche empirische Untersuchungen kann auch belegt werden, dass stabile Bindungserfahrungen bei Kleinkindern für die Persönlichkeitsentwicklung von besonderer Bedeutung sind. Im Laufe der ersten Jahre kann so eine Identitätsbildung gelingen und es können Bewältigungsstrategien für den weiteren Bindungsaufbau erlernt werden. Durch eine sichere Bindung wird die Exploration der Umwelt möglich, was wiederum die Grundlage für zukünftiges Handeln darstellt.

Da die Entwicklung eines Kindes vielmehr als fortlaufender Prozess geschieht, ist es wichtig, auch die Fremdunterbringung unter diesem Aspekt zu sehen. Die Unterbringung kann somit weniger als negatives Erlebnis betrachtet werden, sondern vielmehr auch als Veränderung und Chance für das Kind und seine Bindungsmuster.[34]

Der Bindungsaufbau geschieht bei einer Fremdunterbringung in drei verschiedenen Phasen – der Anpassungsphase, der Übertragungsbeziehung und der Phase der Regression. Diese werden in den nächsten Abschnitten der Arbeit näher erläutert.

4.2.1 Anpassungsphase – Phase der Integration

Die erste Phase in der Bindungsentwicklung wird von einer Unterordnung in die neue Familie und das neue Umfeld geprägt. Das Kind passt sich der neuen Situation an. Nach außen scheint es sich konfliktfrei in das Familiensystem einzufügen und neue Beziehungen zu den verschiedenen Personen zu knüpfen. Das Kind passt sich zwanglos der Umwelt an. Beachtet man die Abhängigkeit des Kindes zu den Betreuungspersonen, kann diese Anpassung auch als Akt des Überlebenssinns verstanden werden, da nur die Betreuungspersonen die kindlichen Bedürfnisse befriedigen können. Das Kind allein könnte die notwendige Versorgung für sich selbst noch nicht sicherstellen.[35] In der Anpassungsphase orientiert sich das

Kind also an der neuen Familie. Es ist unauffällig und meist sogar überangepasst. Das ist die Zeit, in der das Kind die Nähe, Fürsorglichkeit und den Schutz durch die neuen Bezugspersonen genießt. Zu den Krisenpflegeeltern besteht jedoch noch keine Bindungsbeziehung. Es werden Erfahrungen gesammelt und körperliche Entwicklungsrückstände werden rasch aufgeholt. Trotzdem fühlt sich das Kind als ein Gast in der Familie.[36]

Zusammenfassend kann erkannt werden, dass sich das Kind in der Anpassungsphase der Situation und dem Umfeld unterordnet. Im Gegensatz dazu testet das Kind in der nächsten Phase, der Übertragungsbeziehung, seine Grenzen aus.

4.2.2 Übertragungsbeziehung

Nach einigen Wochen der Integration beginnt die Phase der Übertragungsbeziehung. Das Kind hat nun ausreichend Vertrauen zu den neuen Bezugspersonen aufgebaut. Es zeigt immer mehr sein eigenes Selbst und äußert eigene Bedürfnisse. Dazu werden auch Erfahrungen aus der Vergangenheit mit in die Familie gebracht. Es tauchen die Folgen von traumatischen Erlebnissen im Verhalten des Kindes auf. Es zeigt den Familienmitgliedern zusehends, wie es sich selbst erfährt und erlebt. Das heißt, es werden Grundannahmen, wie „ich bin wertlos", sichtbar. Zusätzlich testet das Kind in dieser Phase seine Grenzen aus.[37]
In der Phase der Integration hat das Kind Sicherheit in der neuen Situation gewonnen. Die neuen Personen werden nicht mehr als Gefahr wahrgenommen und Ängste werden abgebaut. In der Phase der Übertragungsbeziehung verwechselt das Kind jedoch die neuen Beziehungen mit den Erfahrungen zu den primären Bezugspersonen. Die neuen Beziehungen werden vom Kind als eine Art therapeutische Situation gestaltet. Lässt sich die neue Bezugsperson auf diese therapieähnliche Situation ein, liegt hier die Chance für eine Verbesserung der gestörten Sozialisation durch die Anpassungsphase.[38]

Hat das Kind diese beiden Phasen durchlebt, kann es in der darauf folgenden Regression neue Bindungen zu den Bezugspersonen herstellen.

4.2.3 Regression

Eine Regression ist das Zurückfallen des Kindes in frühere Entwicklungsstufen. Dieses Verhalten dient der Abwehr von Angst und der Sicherung von Bedürfnissen. Durch Regression wird es möglich, neue Beziehungen aufzubauen.[39] Der erneute Beziehungsaufbau bringt frühere Interaktionsformen des Kindes hervor. Es werden dadurch frühe Bedürfnisse und befriedigende Erlebnisformen wiederholt. Es sollen auch unbefriedigte Wünsche endlich erfüllt werden.[40] In dieser Phase liegt die Entstehung von Bindung. Diese Bindung kann das Kind zunehmend für seine Entwicklung nützen. Es holt fehlende Erfahrungen auf und kann befriedigende Beziehungen erleben. Die Qualität der Bindung wird jedoch von den vorangehenden Bindungen beeinflusst. Das heißt, die Bindungserfahrungen zu den primären Bezugspersonen fließen in die neue Bindung mit ein. Ist eine Bindung entstanden, kann das Kind neue Bindungsmodelle entwickeln.[41]

Ergänzend zum Bindungsaufbau werden im nächsten Kapitel die unterschiedlichen Bindungsqualitäten beschrieben. Diese bestehen aus sicheren, unsicher-vermeidenden, unsicher-ambivalenten und desorganisiertem Bindungsverhalten.

4.3 Bindungstypen

Zunächst werden die vier Bindungstypen erläutert. Darauf aufbauend werden Vor- und Nachteile dieser Bindungsqualitäten abgewogen.

Wird ein Kind von einer Bezugsperson in feinfühliger Weise umsorgt, ist die Wahrscheinlichkeit sehr groß, dass der Säugling sich an diese Person bindet. Im Normalfall entwickelt sich im Laufe des ersten Lebensjahres eine sichere Bindung zwischen dem Säugling und der Bezugsperson – im Normalfall der Mutter.[42] Dieser feinfühlige Umgang bedeutet auch, dass Bezugspersonen emotional verfügbar für das Kind sind und gleichzeitig als Unterstützung für die Exploration fungieren.[43] Eine sichere Bindung ist ein Schutzfaktor für die kindliche Entwicklung. Diese Kinder können belastenden Situationen mit großer psychischer Widerstandskraft, die Resilienz genannt wird, begegnen. Ein unsicheres Bindungsmuster hingegen stellt einen Risikofaktor dar. Sie erlernen weniger pro-soziale Verhaltensweisen und bewerten das Spielverhalten ihrer gleichaltrigen Kollegen eher negativ. Im Jugendalter sind sie isoliert und messen freundschaftlichen Beziehungen weniger Bedeutung zu als Kinder mit einer sicheren Bindung.[44]

Reagiert die Bezugsperson, im Gegensatz zur sicheren Bindung, jedoch mit Ablehnung und Zurückweisung auf den Säugling, besteht eine hohe Wahrscheinlichkeit, dass sich eine unsichervermeidende Bindung entwickelt. Kinder mit einem unsicher-vermeidenden Bindungstyp passen sich der vermeidenden Reaktion der Bezugsperson an. Sie meiden die Bezugsperson nach einer Trennung und äußern nur wenige Bindungsbedürfnisse.[45] Durch die fehlende Bedürfnisäußerung entsteht jedoch eine große, innere Stressbelastung beim Kleinkind. Im Gegensatz zu den fehlenden Bedürfnisäußerungen im Alltag zeigen Kinder mit einer unsicher-vermeidenden Bindung in extremen Situationen ein sehr übertriebenes Bindungsverhalten. Bei diesem Bindungstyp wird deutlich, dass sowohl beim Kind als auch bei der Hauptbezugsperson die „Schwelle“ für das Aktivieren des Bindungsverhaltens höher liegt als bei einem sicheren Bindungstyp.[46]

Einen weiteren Bindungstyp stellt die unsicher-ambivalente Bindung dar. Die Hauptbezugsperson reagiert hierbei manchmal zuverlässig, ein anderes Mal wieder mit Ablehnung auf die kindlichen Bedürfnisse. Bei der Trennung von der Mutter zeigt sich ein starker Trennungsprotest. Das Bindungsverhalten wird aktiviert und das Weinen, Schreien und Suchen nach der Mutter wird stark geäußert. Bei der Rückkehr der Mutter reagieren diese Kinder mit einem ambivalenten Verhalten. Einerseits klammern sie sich an ihre Mutter und andererseits zeigen sie Aggressionen.[47]

Der Bindungstyp der Desorganisation wurde erst später zu den Bindungsmodellen hinzugefügt. Bei der desorganisierten Bindung stellt die Hauptbezugsperson den „sicheren Hafen" und gleichzeitig die Quelle von Angst und Bedrohung dar.[48] Kinder mit diesem Bindungstyp zeigen stereotype Verhaltensweisen und erstarren für Sekunden in ihrer Bewegung, auch Einfrieren genannt. Nach der Trennung laufen diese Kinder auf ihre Mutter zu, bleiben aber bei der Hälfte stehen und wissen nicht, ob sie vor- oder zurückgehen sollen.[49]

In diesem Kapitel wurden Beschreibungen und Ergebnisse der Bindungstheorie dargestellt. In den folgenden Teilen werden die beiden bereits beschriebenen Thematiken, die Familiäre Krisenpflege und die Bindungstheorie, vereint. Die weiteren Kapitel werden nach dem Ablauf in der Praxis gegliedert. Zunächst wird die Trennung von der Herkunftsfamilie thematisiert. Darauf folgen der Erstkontakt und die Aufnahme in die Krisenfamilie. Anschließend wird der Betreuungsverlauf in Bezug auf Bindungsaufbau näher erläutert. Um den Ablauf der Familiären Krisenpflege zu beenden, folgen abschließend die Trennung von den Krisenpflegeeltern und die daraus resultierenden Konsequenzen für das Kind.

Im nächsten Schritt wird die Trennung von der Herkunftsfamilie näher erläutert. Der Schwerpunkt liegt hier bei der Trennungserfahrung und dem Trennungsprozess, den das Kind durch die Intervention der Familiären Krisenpflege erlebt.

5. Trennung von den leiblichen Eltern

Die Trennung von den leiblichen Eltern stellt für das Kind eine Ausnahmesituation dar. Daher werden die in der Herkunftsfamilie vorherrschenden Bedingungen erläutert und die daraus resultierende Notwendigkeit der Herausnahme des Kindes aus der Familie beschrieben. Darauf aufbauend folgen die Konsequenzen einer Trennung von den leiblichen Eltern. Abschließend werden die Folgen der Trennung für das Bindungsverhalten in der Familiären Krisenpflege und die Trennungsphase dargestellt.

In der Regel haben Krisenkinder in ihren bereits erlebten Bindungsbeziehungen wenig Fürsorge oder feinfühlige Reaktionen erlebt. Sie wurden nicht unterstützt, sondern zurückgewiesen, misshandelt oder hatten andere verletzende Beziehungserfahrungen in der Herkunftsfamilie. Oft sind die Kinder zu klein, um sich selbst zu versorgen und so den unbefriedigten Bedürfnissen entgegenzuwirken. Viele dieser Kinder erlebten auch traumatisierende und bedrohende Mangelerfahrungen.[50]

Diese Kinder, deren Wohl gefährdet ist, werden, sofern keine anderen Erziehungshilfen fruchten, fremd untergebracht. Meist sind diese Kinder massiv verwahrlost, unterernährt, missbraucht bzw. misshandelt worden und/ oder die Pflege und Erziehung des Kindes kann durch die leiblichen Eltern nicht (mehr) gewährleistet werden.[51] Solche Kinder sind in ihrem Verhalten und in ihren Beziehungen hilflos und beeinträchtigt. Je nach ihrem Temperament, den bereits aufgebauten Beziehungsmustern und erlebten Erfahrungen sind sie in ihrem Beziehungsverhalten hilflos und zurückgezogen oder distanzlos und desorganisiert.
„Die Kinder haben sich an Beziehungserfordernisse angepasst, um emotional zu überleben."[52]

Diese Kinder benötigen Bezugspersonen, die offen und verlässlich für das Kind sind. Die Krisenpflegeeltern müssen es in seiner Individualität annehmen können und ihm Sicherheit geben. Wichtig ist, dass sie sich langfristig um die Bedürfnisse und das Wohl des Kindes kümmern.[53]

Eine Fremdunterbringung dient dem Schutz des Kindes. Es soll durch die Herausnahme aus der Herkunftsfamilie eine gesunde körperliche, geistige und seelische Entwicklung ermöglicht werden. Dem Kind wird ein sicheres und unterstützendes Leben gewährleistet, während sich die Bedingungen in der Herkunftsfamilie verbessern sollen, sodass eventuell eine Rückführung möglich werden kann.[54]

Die Erkenntnisse der Bindungsforschung ergeben, dass eine plötzliche Trennung von einer Bezugsperson zugunsten des Kindes zu vermeiden ist. Dies lässt sich jedoch in der Krisensituation oft nicht verhindern. Daher sollte versucht werden, den Übergang in eine Fremdunterbringung gleitend zu gestalten.[55]

Trotzdem stellt diese Intervention für das Kind vorerst keine langfristige Perspektive dar. Das zukünftige Leben des Kindes kann bei Krisenfällen erst in der Familiären Krisenpflege erarbeitet und geordnet werden. Da jedes Kind, wenn auch in den meisten Fällen der Abnahme unsicher gebunden, dennoch immer eine Bindung zu seinen Bezugspersonen hat, ist die Herausnahme aus der Familie ein belastendes Ereignis. Durch die Trennung wird das Bindungsverhalten aktiv, die neue Umgebung und neue Personen stellen eine Herausforderung für das Kind dar.

„Fremdunterbringungen sind Trennungen, die sowohl ein Risiko als auch eine große Chance bedeuten können.“[56]

Bei der Fremdplatzierung wird das Kind aus seiner gewohnten Umgebung herausgerissen und von den ihm bekannten Personen getrennt. In dieser Zeit der Trennung und des Verlustes werden vom Kind außerdem ein Anpassen an neue Bezugspersonen und ein Bindungsaufbau erwartet. Dabei ist wichtig zu bedenken, dass vor allem bei sehr kleinen Kindern der Verlust der Bezugspersonen eine sehr belastende Erfahrung sein kann. Hier sind die Faktoren des Alters, des Entwicklungsstandes und der Individualität des Kindes sowie die Dauer und die Unkontrollierbarkeit der Trennung ausschlaggebend für das Ausmaß der Belastung. Kinder befinden sich bei einer Fremdunterbringung in einem Ausnahmezustand, der von den neuen Bezugspersonen wahrgenommen und akzeptiert werden sollte. Daher wird bei der Trennung das Bindungsverhalten aktiviert und sie erleben eine Trauerphase. Sind die neue Umgebung und das neue soziale Umfeld jedoch fürsorgend, kann die Trennung auch eine neue Chance für das Kind sein. Daher ist die Übergangsphase bei der Fremdunterbringung von besonderer Bedeutung. Wenn die Krisenfamilie gut vorbereitet ist, auf die kindlichen Bedürfnisse adäquat zu reagieren und den Selbstwert des Kindes zu stärken, kann die Trennung von der Herkunftsfamilie entwicklungsfördernd für das Kind sein.[57]

Die Trennung der Kinder von ihren Bezugspersonen löst in ihnen Unverständnis und Angst aus. Sie fühlen sich ohnmächtig und der Situation schutzlos ausgeliefert. Zu diesen Emotionen kommen auch noch ein Wechsel des Lebensortes und neue, meist noch unbekannte Personen hinzu, die das Kind nun betreuen. Dies bedeutet für das Kind einen hohen Stressfaktor.[58] Vor allem bei Kleinkindern ist die Trennung ein sehr traumatischer Einschnitt in das Leben. Das Kind hat noch kein Zeitgefühl entwickelt und kann die Situation kognitiv noch nicht nachvollziehen. Das heißt, das Kleinkind ist der Situation hilflos ausgeliefert und kann sie nicht kontrollieren. Dies bedeutet für das Kind eine extreme Belastungssituation, die es durch Protestreaktionen äußert. Das Kind weint, schreit und sucht nach seiner Bezugsperson. Es kann sich bei einer vorangegangenen qualitativen Bindung von den neuen Betreuungspersonen nicht trösten lassen und zeigt Widerstand gegen sie.[59]

In der familiären Bereitschaftsbetreuung sind Bindungsabbrüche und Trennungen nicht zu vermeiden. Daher ist es von besonderer Bedeutung, die Kinder achtsam zu behandeln und es ihnen so erträglich und angenehm wie möglich zu gestalten. Es ist wichtig, dass die Kinder die Situation verstehen. Weiters sollen sie in dieser Situation emotional bei der Bewältigung unterstützt werden.[60]

Aufbauend auf die allgemeinen Faktoren einer Trennung wird nun näher auf eine bestimmte Trennungssituation eingegangen.

5.1 Die Trennungssituation – ein Beispiel

Die Trennung von den leiblichen Eltern – meist der Mutter – kann sehr unterschiedlich geschehen. Zur Veranschaulichung wird hier ein Fallbeispiel dargestellt, bei dem sich die Verabschiedung zwischen Mutter und Kind sehr schwierig gestaltete.

Bei dem beschriebenen Fall wollte die Mutter der Krisenmutter das Kind nicht übergeben. Sie gebe das Kind nicht her und wolle das alles nicht. In ihrem Verhalten zeigte die Mutter die Verweigerung. Obwohl das dreijährige Mädchen schon mit der Krisenmutter mitgehen wollte, nahm die Mutter das Mädchen wieder bei der Hand. Sie zog es immer wieder zu sich zurück. Nachdem die Mutter das Kind nicht gehen ließ, holte die Jugendwohlfahrt die Polizei, die schon im Nebenzimmer wartete. Die PolizistInnen und SozialarbeiterInnen der Jugendwohlfahrt redeten lange auf die Frau ein, damit sie das Kind gehen ließe. Jedoch weigerte sich die Kindesmutter so lange, bis die Polizei sie festhalten musste. Dies war auch für das Kind sehr aufwühlend. Das Mädchen weinte kurz, beruhigte sich dann aber schnell wieder. Das Mädchen sprach später nicht mehr über die belastende Situation. Was dies für es bedeutete, weiß man jedoch nicht.[61]

Je nach Individualität der Kinder und der vorangegangenen Erfahrungen gestaltet sich die Trennung von den leiblichen Eltern sehr unterschiedlich. Vor allem bei Säuglingen wird vermutet, dass sie die Situation kognitiv nicht mitbekommen oder verstehen können. Interviewpartnerin 4 glaubt, dass sich alle Kinder schwer trennen, sie es aber unterschiedlich zeigen. Manche Kinder trennen sich sehr schwer, andere wiederum gehen mit der Krisenmutter mit, ohne zu weinen. Dies bezieht sie auf die Tatsache, dass manche Kinder ihren Trennungsschmerz weniger und andere mehr zeigen, bzw. auch darauf, dass einige Kinder den Schmerz erst nach einiger Zeit ausdrücken können.[62] Allgemein kann jedoch festgestellt werden, dass die Mehrheit der Krisenkinder bei der Trennung von ihren leiblichen Eltern eine Traumatisierung erleidet. Die Abnahme ist meist eine Gefahr-in-Verzug-Maßnahme, d.h., dass die Kinder so schnell wie möglich von den leiblichen Eltern getrennt werden müssen. Dabei weiß das Kind nicht, was geschieht und wo es hingebracht wird. Diese Trennungserfahrung ist sehr traumatisierend für die Kinder.[63] Gerade in dieser Übergangsphase bemühen sich die Sozialarbeiterinnen des „Vereins für Pflege- und Adoptiveltern OÖ“, die Trennung so gut wie möglich zu gestalten und zu begleiten und dem Kind die größtmögliche Transparenz zu geben. Diese Transparenz soll die Traumatisierung verhindern oder zumindest verringern.

Eine Trennung von den leiblichen Eltern bedingt Konsequenzen für den weiteren Bindungsaufbau des Kindes. Diese werden im Folgenden in der Familiären Krisenpflege verdeutlicht.

5.2 Konsequenzen für den Bindungsaufbau in der Krisenfamilie

Zunächst werden die Gefühle der Betroffenen bei einer Trennung von der Herkunftsfamilie beschrieben. Abschließend werden Möglichkeiten erläutert, die den negativen Konsequenzen entgegenwirken können.

Kinder und deren Eltern befinden sich bei einer Kindesabnahme in einem Ausnahmezustand. Sie erleben die Unterbringung als bedrohlich. Dieser Zustand kann zu einem desorganisierten Bindungsverhalten der Kinder führen. Vor diesem Hintergrund ist es von besonderer Bedeutung, zu versuchen, dass die leiblichen Eltern der Fremdunterbringung zustimmen. Diese Vereinbarung würde dem Kind erlauben, sich besser loslösen zu können, da die Trennung von den leiblichen Eltern quasi „erlaubt" wird und sie sich auf das weitere Vorgehen einlassen können.

Die Kindesabnahme ist beherrscht von Gefühlen der Machtlosigkeit, Trauer und Wut. Da die meisten Menschen solche Gefühle nicht offen kommunizieren können, soll diesen Raum gegeben werden, um so eine Möglichkeit zu schaffen, den Abschied zu erleichtern und die weitere Unterbringung mit weniger Belastung zu beginnen. Ausgesprochene Gefühle helfen dem Kind, in die neue Situation zu gehen. Dies kann auch einem Säugling durch entsprechendes Verhalten der Bezugsperson und gesprochene Worte vermittelt werden und dadurch eine Vorbereitung auf die Intervention der Familiären Krisenpflege darstellen. Wenn die Gefühle nicht ausgedrückt werden können, wird das Kind in der Fremdunterbringung einer weiteren Belastung ausgesetzt sein. Es hat Loyalitätskonflikte, welche ein großes Risiko für die positive Umsetzung der Fremdplatzierung bedeuten.[64]

Bei der Fremdunterbringung eines Kindes versuchen die leiblichen Eltern häufig alles, um das Kind bei sich zu behalten. Zum Zeitpunkt der Abnahme wird das Kind oft unter Druck gesetzt. Dem Kind wird vermittelt, dass es nicht weggehen dürfe. Dadurch vermindert sich das Selbstbewusstsein des Kindes und es wird eine negative Sichtweise der Intervention vermittelt. Hier ist es wichtig, dass positive Botschaften an das Kind gerichtet werden. Dem Kind wird vermittelt, dass es nicht schuld an der Unterbringung ist und dass es sich nicht vor den neuen Personen und einem neuen Umfeld fürchten muss, da die Krisenpflegeeltern nur sein Bestes wollen. Es soll realistisch erklärt werden, dass es trotzdem noch zu seinen leiblichen Eltern gehört. Bedeutend ist in dieser Intervention auch, dass die Familie und das Kind in ihrer Individualität ernst genommen und wertgeschätzt werden.[65]

Eine weitere Auswirkung der Trennung, die oft auch als Herausforderung zu Beginn der Familiären Krisenpflege erlebt wird, ist die Trennungsphase. Diese wird im Folgenden geschildert.

5.3 Trennungsphase

Zunächst werden die Aussagen der Interviewpartnerinnen in Bezug auf die Trennungsphase beschrieben und analysiert. Weiters wird die daraus resultierende Handlung der Krisenmütter in der Familiären Krisenpflege erläutert.

Die Dauer der Trennungsphase ist je nach Alter des Kindes von einigen Tagen bis zu mehreren Wochen unterschiedlich. In dieser Phase ist das Kind häufig apathisch und passiv. Es wartet auf seine Bezugsperson. Nach dieser Phase des Wartens beginnt die Ablösung des Kindes von der Bezugsperson. Kinder, die von der Bezugsperson getrennt werden, haben massive Angst vor einer wiederkehrenden Trennung. Den neuen Betreuungspersonen wird sehr misstrauisch begegnet. Die Kinder benötigen langfristige, immer wiederkehrende positive Kontakterfahrungen mit ihnen, um wieder eine Bindung aufbauen zu können. Einige Kinder scheinen nach der Trennung jedoch keine Bindung mehr eingehen zu wollen. Sie verweigern die neuen Bezugspersonen und weitere Bindungen, um sich den Schmerz einer erneuten Trennung zu ersparen. Daher ist es sehr wichtig, bei einer Kindesabnahme auf diesen Aspekt zu achten und dem Kind die Trennung so angenehm und fließend wie möglich zu machen.[66]

Frühe Trennungen von der Bezugsperson sind ein Risikofaktor für die kindliche Entwicklung, die Folgen bis ins Erwachsenenalter haben können. Daher müssen Gefühle der Unsicherheit, Trauer und des Kummers von den neuen Betreuungspersonen akzeptiert und ihnen offen begegnet werden. Das Kind benötigt Hilfe und Unterstützung bei der Verarbeitung der Trennung und der Ablösung von der Bezugsperson. Man muss feinfühlig auf die Bedürfnisse des Kindes reagieren und ihm vermitteln, dass es nicht der Grund für die Trennung ist.[67]

Zusammenfassend kann gesagt werden, dass die Trennungsphase für das Kind meist eine belastende und traumatische Erfahrung ist. Daher werden im nächsten Kapitel die Aufnahme und der Erstkontakt erläutert.

6. Aufnahme und Erstkontakt

Bereits beim Erstkontakt, der direkt bei der Abnahme erfolgt, kann man das Bindungsverhalten des Kindes erkennen. Es wird daher in diesem Kapitel auf die Kontaktaufnahme näher eingegangen, wobei auch die Probleme der Krisenmütter und des Krisenkindes bei der Begegnung und dem Start der Familiären Krisenpflege erläutert werden. Diese Erkenntnis ist relevant für den weiteren Bindungsaufbau und wird die Betreuung, die im nächsten Kapitel bearbeitet wird, einleiten.

6.1 Probleme beim Erstkontakt

Zunächst werden die von den Sozialarbeiterinnen beschriebenen Problematiken beim Erstkontakt erläutert. Darauf aufbauend folgt im nächsten Kapitel das Erleben des Kindes in dieser Situation.

Der Erstkontakt findet entweder im „Verein für Pflege- und Adoptiveltern OÖ" oder im Krankenhaus statt. Im Idealfall wird das Kind von den leiblichen Eltern der Krisenmutter übergeben. Das ist zur gleichen Zeit auch der erste Kontakt zwischen Krisenkind und Krisenmutter. Dabei müssen einige Probleme bewältigt werden.

Die Experten der Familiären Krisenpflege gaben an, dass beim Erstkontakt zwischen Krisenmutter und dem Krisenkind vor allem die Gegebenheit, ein fremdes Kind aufzunehmen, die Hauptproblematik für die Krisenmütter darstellt. Diese wissen nicht, was auf sie zu kommt und müssen sich jedes Mal neu auf die Individualität eines Kindes einstellen. Sozialarbeiterin 2 beschrieb dies als Expedition in ein neues und unbekanntes Gebiet, das sehr wohl spannend und interessant sein kann, aber auch viel an Anstrengung abverlangt.

Der Erstkontakt ist von Trauer durch die Trennung von den leiblichen Eltern geprägt. Diese Trauer stellt auch die Barriere dar, mit dem Kind in Kontakt zu kommen. Hinzu kommt, dass bei den meisten Aufnahmen die leiblichen Eltern dabei sind und sich das Kind schwer von den Eltern trennen kann. Erstaunlich ist, dass nur zwei der Interviewpartnerinnen den Erstkontakt als interessant und spannend für die Krisenpflegeeltern bezeichnen. Nur eine dieser zwei Interviewpartnerinnen fügt hinzu, dass der Erstkontakt zwar eine Herausforderung bedeutet, aber nicht wirklich ein Problem darstellt.[68]

Zusammenfassend kann gesagt werden, dass der Erstkontakt einige Probleme mit sich bringt, die die Kriseneltern – meist die Krisenmutter – zu bewältigen haben. Erst bei der Aufnahme beginnt ein Kennen lernen zwischen Kind und Krisenfamilie. Im emotionalen Vordergrund steht bei beiden eine Ungewissheit. Man weiß nicht, welches Kind in die Krisenfamilie kommt, und hat dazu meist sehr wenig Vorinformationen über die Vergangenheit des Kindes. Außerdem stellt es eine Herausforderung dar, sich ohne diese Vorkenntnisse auf ein fremdes Kind einzulassen.
„... weil sie ja nicht wissen, was isst das Kind gerne, was hat das Kind für einen Tagesrhythmus, kennt das Kind überhaupt einen Tagesrhythmus, was mag es, was mag es nicht? Wie reagiert es auf was, reagiert es überhaupt auf etwas? ...“[69]
Zusätzlich zu dieser Fremdheit ist es nicht unproblematisch, ein Kind aufzunehmen, welches in seiner Vergangenheit viele ungünstige Erfahrungen gemacht hat. Es hat viele negative Erlebnisse gemacht und bringt zwangsläufig Verhaltensstörungen mit sich.[70] Wenn so ein Kind in die Familie kommt, verändern sich die Beziehungen zwischen den Familienmitgliedern. Das kann nicht nur die Eltern-Kind-Beziehung betreffen, sondern zusätzlich auch das Verhältnis zwischen den beiden Elternteilen und auch die Beziehung zwischen Großeltern und Eltern. Bei der Ankunft des Krisenkindes müssen diese Beziehungen neu geordnet werden.[71]

Zusätzlich zu den bereits genannten Problematiken erweist es sich als schwierig, dass die Vorgeschichte des Kindes und die bereits gemachten Bindungserfahrungen zu wenig Einfluss auf die Gestaltung der Betreuung in der Familiären Krisenpflege haben. Dieses Wissen um die Vergangenheit des Kindes ist jedoch aus Bindungssicht die Grundlage für die gelingende Soziale Arbeit mit Kindern. Hat ein Kind schon einen Beziehungs- oder Bindungsaufbau erlebt, trägt es diese Erfahrungen in die neue Beziehung mit hinein. Durch das Wissen der Vorgeschichte kann man das Kind besser verstehen und einschätzen. Außerdem kann man den entstehenden Problemen besser begegnen und entgegenwirken. Die Krisenfamilie sollte über die vollständige bisherige Bindungsgeschichte des Kindes informiert werden. Dies beinhaltet:

„Bestehende Bindungsmuster und innere Bindungsmodelle und haltungen Symptome von Bindungsstörungen, Desorganisation und damit verbundene Verhaltenssauffälligkeiten sowie mögliche traumatische Erfahrungen des Kindes, die feststellbare Bindungsbereitschaft des Kindes und seine Offenheit für die Hilfe sowie Loyalität gegenüber bestimmten Bindungspersonen, elterliche Fürsorgehaltungen, Umgang mit Bindungsbedürfnissen sowie elterliche Erziehungskompetenzen und Belastungen des Kindes durch die Eltern, Diagnose der allgemeinen kognitiven, motorischen und sozio-emotionalen Entwicklung des Kindes und seiner Ressourcen in Gleichaltrigenbeziehungen, Schule und Freizeit.“[72]

In dieser Situation, in der die Kooperation der leiblichen Eltern oft fehlt und meist keine zeitlichen Ressourcen da sind, stellen sich die Sozialarbeiterinnen des Vereins der Herausforderung, möglichst viele Vorinformationen zu sammeln, um einen positiven Start der Betreuung zu erleichtern.

Aufbauend auf die Probleme beim Erstkontakt wird das kindliche Erleben in dieser Situation geschildert.

6.2 Das kindliche Erleben des Erstkontakts und der Aufnahme

Für die Kinder wird der Erstkontakt als sehr schwierig beschrieben. Die Kinder befinden sich in einer Ausnahmesituation. Sie haben einen Abbruch der Bindung zu ihren leiblichen Eltern erlebt und werden von ihnen getrennt. Dadurch erleben sie einen Verlust des vertrauten Verhältnisses. Für die Kinder ist es immer eine Umstellung. Sie werden aus ihrem gewohnten Umfeld und Familiensystem herausgerissen und in eine neue Familie gebracht. Viele Kinder stehen durch diese abrupte Trennung unter Schock und sind oft verstört. Interviewpartnerin 2 beschreibt diese Umstellung auch bei Säuglingen, die direkt im Krankenhaus abgenommen werden, da sie die Zeit, die sie im Krankenhaus verbrachten, noch von den leiblichen Eltern versorgt wurden. Hinzu kommt, dass sie sich nun auf fremde Leute und eine fremde Umgebung einstellen und einlassen müssen. Sie haben eine neue Umgebung und müssen sich in diesem Umfeld neu orientieren.[73]

„Alles riecht fremd, alles spricht fremd – also der Dialekt ist ja oft auch anders."[74]

„Eigentlich ist es ein Wahnsinn. Sie werden vor Aufgaben gestellt, die man als Erwachsener kaum meistern kann."[75]

Trotz dieser Verstörung wird das Sich-Einfügen in ein neues Familiensystem von ihnen erwartet. Außerdem ist ein Gefühl der Unsicherheit vorherrschend. Die Kinder wissen nicht, was passiert.

„... Es kommt dann immer wieder vor, dass die Mütter glauben, sie haben einen Termin auf der Jugendwohlfahrt, und dort dann erfahren, dass die Kinder abgenommen werden und natürlich auch die Kinder es dann erst erfahren ..."[76]

Im Gegensatz zu den Aussagen über die Problematik des Erstkontakts beschrieb Interviewpartnerin 1 die Situation bei der Aufnahme folgendermaßen: Es gibt Kinder, die distanzlos auf die Krisenmutter zugehen. Die Kinder sind es oft gewöhnt, sich mit vielen

verschiedenen Personen einzulassen, da es in der Herkunftsfamilie häufig einen Wechsel der betreuenden Personen gegeben hat.
„Und da ist es oft so, dass sie einfach in die Familie hineinstürzen, ohne Angst oder etwas Ähnliches zu zeigen....“[77]

Dieses Verhalten kann zusätzlich mit der Bindungstheorie erklärt werden: Kinder, die in ihren frühen Bindungen negative Erfahrungen gemacht haben, tendieren dazu, weitere Bindungen zu vermeiden, um nicht abhängig zu werden. Sie können kein Urvertrauen aufbauen und scheinen daher nach außen auf neue Personen sehr offen zuzugehen.[78]

Interviewpartnerin 5 beschreibt zur Veranschaulichung den Ablauf der Abnahme und Kontaktaufnahme des Kindes. Ein Großteil der Kinder weint bei der Verabschiedung von den leiblichen Eltern nicht, sondern spaziert einfach mit der noch fremden Krisenmutter mit. Interviewpartnerin 5 bezieht sich bei der Erklärung für die fehlende Reaktion des Bindungsverhaltens auf die vergangenen Erfahrungen des Kindes. Das sind Kinder, die in ihrem Leben schon sehr oft fremd untergebracht gewesen sind. Fremd untergebracht heißt in diesem Zusammenhang, dass sie von vielen verschiedenen Bekannten betreut wurden. Diese Kinder klammern sich weniger an die leibliche Mutter und gehen anstandslos mit der Krisenpflegemutter mit. Meist beruhigen sie sich schon während der Fahrt zum Haus der Krisenpflegeeltern. Sie beobachten die Situation in der neuen Umgebung. Spannend ist hier auch die Reaktion auf die erste Mahlzeit in der Krisenpflegefamilie, da viele Kinder das Essen in diesem Ausmaß nicht kennen. Auch die Nahrungsmittel sind ihnen oft unbekannt.[79]
„Die Kinder kennen nur ein Wurstsemmerl, Kekse und Keli oder Coca-Cola, Kaffee, ... (...) Ja, mit eineinhalb Jahre gibt es das auch schon. Man erlebt schon die wildesten Sachen und es gibt fast nichts, was es nicht gibt.“[80]

In diesem Kapitel wurden der Beginn der Betreuung und die darin enthaltenen Problemsituationen beschrieben. Der nächste Abschnitt behandelt den darauf folgenden Betreuungsverlauf und die Entstehung einer Beziehung, die zu einer Bindung führt.

7. Betreuungsverlauf und Bindungsaufbau

Zunächst wird die Notwendigkeit einer transparenten Darstellung und Vermittlung der Intervention für das Kind beschrieben. Anschließend werden gegensätzliche Erkenntnisse in Bezug auf Bindungsaufbau in der Familiären Krisenpflege diskutiert.

Die Intervention der Familiären Krisenpflege ist grundsätzlich geprägt von Bindungsabbruch und Trennungserfahrungen für das Kind. Es erlebt viele Verletzungen während der Bindungserfahrungen und empfindet auch Verluste. Dadurch wird die Entwicklung eines Kindes beeinflusst. Das eigene Leben wird durch solche Erfahrungen anders bewertet. Überwiegend rufen Trennungen im Kind auch Unverständnis hervor. Es ist daher von besonderer Bedeutung in der Zeit der Familiären Krisenpflege, dem aufgenommenen Kind eine realistische Erklärung der Intervention zu vermitteln. Dem Kind muss deutlich gemacht werden, dass die Krisenfamilie nur eine Übergangslösung ist und dass es nach einiger Zeit, in der es Sicherheit, Schutz, Versorgung und Zuwendung von dieser Familie bekommen hat, wieder einen Wechsel in eine andere Umgebung zu erwarten hat. Dem Kind soll ein realistisches und wahrheitsgemäßes Bild über die aktuelle Situation vermittelt werden, wobei alle Erklärungen altersgemäß stattfinden sollen. Das Kind benötigt eine Begleitung in der Trauerphase und dem Ablösungsprozess von seinen primären Bezugspersonen. Dem Kind soll deutlich gemacht werden, dass es nicht der Grund für die Trennung aus seiner gewohnten Umgebung und von den gewohnten Personen ist. Dabei sind Unterstützung und Verständnis sowie eine feinfühlige Zuwendung notwendig. Die Gefühle des Kindes müssen akzeptiert und angenommen werden. In der Familiären Krisenpflege ist vorgesehen, dass dem Kind ein Bindungsangebot gemacht wird, dass jedoch keine Bindungserwartungen an das Kind gesetzt werden. Die Kriseneltern sollten offen für das Kind sein, dem Kind dabei aber keine Bindung aufzwingen. In der Anbahnungsphase in Pflegefamilien oder der Rückführung in die Herkunftsfamilie ist es wichtig, das Kind auf neue Bindungen vorzubereiten. Gleichzeitig soll die Krisenfamilie das Kind loslassen und bewusst in die neue Situation führen. Im Gegensatz zu anderen Forschungsergebnissen deutet die empirische Untersuchung des Deutschen Bundesministeriums für Familie, Senioren, Frauen und Jugend darauf hin, dass in der Familiären Krisenpflege keine sichere Bindung zum Krisenkind aufgebaut werden kann und somit auch keine Traumaverarbeitung der Trennungserfahrungen möglich ist.[81]

In der Familiären Bereitschaftsbetreuung, die der Familiären Krisenpflege gleichgesetzt werden kann, ist die Dauer der Unterbringung selten bekannt. Zu Beginn der Betreuung ist noch keine Zukunftsperspektive für das Kind vorhanden. Daher stellt sich die Frage, inwieweit es sinnvoll ist, dass Krisenmutter und Krisenkind eine Bindung oder Beziehung aufbauen, da eine weitere Trennung bevorsteht.[82]

7.1 Bindung zu Krisenpflegeeltern als Grundlage für die weitere Entwicklung des Kindes

In diesem Kapitel wird die Notwendigkeit einer Bindung behandelt. Zunächst folgt eine Beschreibung der Qualität der bereits erlebten Bindungen von Krisenkindern. Darauf aufbauend werden Möglichkeiten erläutert, die in der Familiären Krisenpflege zum Bindungsaufbau führen können. Abschließend werden die daraus resultierenden Folgen erläutert.

Menschen haben von Geburt an das Bedürfnis, stabile Beziehungen und Bindungen einzugehen. Diese Beziehungen ermöglichen dem Menschen das sozio-emotionale Erleben und der weitere Beziehungsaufbau zu anderen Menschen als Bezugspersonen und auch

Bewältigungsstrategien werden dadurch entwickelt. Außerdem tragen diese zu einem positiven Selbstwertgefühl und einem Gefühl der Sicherheit und Zufriedenheit bei. Man fühlt sich durch die Bindung zu verschiedenen Personen zu einer Gruppe oder einem System zugehörig, was wiederum zu einem Gefühl von Wärme, Verständnis und Angenommensein führt. In der Familiären Krisenpflege sind jedoch meist Kinder anzutreffen, die diese Erfahrungen kaum gemacht haben. Sie konnten diese Gefühle bis zu diesem Zeitpunkt nur teilweise oder minimiert erleben. Durch die fehlenden Erfahrungen baute das Kind kein Vertrauen zu seinen Bezugspersonen auf. Dies wiederum bedingt, dass keine tragfähige Bindung entwikkelt werden konnte und somit keine Gefühle von Zuversicht und positivem Denken möglich sind.[83] Um eine sichere Bindung und Entwicklung gewährleisten zu können, müssen die grundlegenden menschlichen Bedürfnisse nach Schutz, Sicherheit und Geborgenheit gesichert werden. Dadurch können die neuen Bezugspersonen einen sicheren Hafen darstellen und dem Kind das Explorationsverhalten ermöglichen. Es kann somit in belastenden Situationen aktiv die Nähe zu seiner Bezugsperson suchen und sich trösten lassen. Eine feinfühlige Fürsorge bedingt auch die Akzeptanz des Kindes und ein Zulassen von Körperkontakt. Außerdem ist es gekennzeichnet von richtiger Wahrnehmung und einer altersgerechten, prompten Reaktion auf die Bedürfnisse und Emotionen des Kindes. Sicher gebundene Kinder sind neugierig auf die Umwelt, ihr Erkundungsverhalten ist ausgeprägt und diese Sicherheit ermöglicht ihnen, eine gesunde Autonomie und Interesse an der Welt zu entwickeln. Die Ergebnisse der Bindungsforschung zeigen auch, dass sicher gebundene Kinder ein gutes Selbstwertgefühl haben und kompetentere Konfliktlösungsstrategien entwickeln und anwenden können. Somit stellt eine sichere Bindung die Grundlage von Kompetenz und Resilienz dar. Trotzdem soll eine unsichere Bindung nicht vorschnell als Defizit interpretiert werden, sondern als Ausdruck von Sehnsucht nach Sicherheit.[84]

Ergebnisse aus entsprechender Literatur zeigen, dass Vertrauen, Schutz und Geborgenheit die Grundlage für die kindliche Entwicklung sind. Herrscht eine Befriedigung dieser Grundbedürfnisse, kann das Kind seine Umwelt altersgemäß erkunden und seine Persönlichkeit entwickeln. Vergleicht man diese Erkenntnisse mit der Bindungstheorie, wird erkennbar, dass dieser Bindungsaufbau auch in anderen Betreuungsformen als den Mutter-Kind-Beziehungen notwendig ist. Das heißt, das Kind wird auch zu nicht leiblichen Bezugspersonen eine Bindung oder zumindest eine Beziehung entwikkeln, um diese Bedürfnisse befriedigen zu können.

Im Folgenden werden die Konsequenzen der bereits erlebten Bindungen in Bezug auf die Familiäre Krisenpflege behandelt.

7.2 Auswirkungen der erlebten Bindungen und daraus entstandenen Bindungsmuster auf das weitere Bindungsverhalten

Das erste aufgebaute Bindungsmodell eines Kindes hat Auswirkungen auf den Bindungstyp zu weiteren Bezugspersonen. Der erlernte Bindungstyp kann sich, je nach Bindungsmuster, unterschiedlich auf den Bindungsaufbau in der Familiären Krisenpflege niederschlagen. Um dies zu verdeutlichen, werden im folgenden Abschnitt die Bindungstypen und die daraus entstehenden, Verhaltensweisen näher beschrieben. Obwohl Kinder, die in einer Krisenbetreuung sind, selten oder nahezu nie einen sicheren Bindungstyp zu ihren leiblichen Eltern aufgebaut haben, soll auch dieser Bindungstyp hier seinen Platz finden. Dadurch wird ein Vergleich zwischen den Auswirkungen der unterschiedlichen Bindungstypen möglich und das Ziel des Bindungsverhaltens in der Familiären Krisenpflege erkennbar.

Haben Kinder eine sichere Bindungsqualität zu ihren Bezugspersonen aufgebaut, gibt es zwischen den Kindern und ihren Bezugspersonen viel Austausch durch Kommunikation und Emotion. Es herrscht ein Miteinander. Diese Kinder sind nach dem Aufbau einer sicheren Bindung sorglos und können sich dem Explorationsverhalten widmen. Sie vertrauen der Bezugsperson und fühlen sich bei ihr geschützt und aufgenommen. In Belastungssituationen lassen sich diese Kinder sehr schnell von ihren Bezugspersonen beruhigen.[85]

Im Gegensatz dazu sind Kinder, die ein unsicher-vermeidendes Bindungsmodell zu ihrer Herkunftsfamilie haben, oft zurückgewiesen worden und haben sich an einen unfeinfühligen Umgang gewöhnt. Sie wurden als Kind abgelehnt und ihre Signale (wie Schreien, Weinen, ...) wurden oft ignoriert. Diese Kinder können ihre eigenen Gefühle meist nicht mehr wahrnehmen. Zumindest nach außen messen sie ihren Emotionen und Beziehungen nur wenig Bedeutung bei. Sie haben eine eigene Strategie für Belastungssituationen entwickelt und scheinen in unsicheren Momenten alleine klar zu kommen. In der Entwicklung werden diese Kinder oft passiv in ihrem Verhalten. Sie können differenziert werden in Kinder, die Gefühle vorgeben, die sie gar nicht wahrnehmen, um Aufmerksamkeit von der Bezugsperson zu erlangen. Andere bemühen sich um die Bezugsperson, die sie meist ignoriert und nicht wahrnimmt. In der Krisenfamilie zeigen unsicher-vermeidende Kinder sehr wenig Vertrauen in die neue Situation. Sie wirken unauffällig, überangepasst und zurückgezogen. Weiters haben sie ein geringes Selbstwertgefühl, können eigene Bedürfnisse kaum erkennen und sind sozial wenig ansprechbar. In dieser Situation kann sich das Problem ergeben, dass sich die Krisenfamilie zurückgewiesen fühlt. Sie glaubt, das Kind nicht erreichen zu können und reagiert möglicherweise enttäuscht und hilflos.

Unsicher-ambivalent gebundene Kinder konnten in ihrer Herkunftsfamilie das Verhalten der Bezugspersonen nicht einschätzen. Diese Kinder betonen ihre Gefühlssignale sehr und reagieren teils auch aggressiv auf die Bezugsperson. Sie zeigen als Kleinkind nahezu kein Erkundungsverhalten und klammern sich bei Belastungssituationen hilflos an die Betreuungsperson.[86]

Im desorganisierten Bindungsmodell ist beim Bindungsaufbau ein feindseliger und hilfloser Umgang mit den Kindern vorherrschend. Dies kann in der Betreuung oft zur Rollenumkehr führen. Die Bindungsperson, die eigentlich eine Quelle von Sicherheit darstellen sollte, bedeutet gleichzeitig eine Bedrohung für das Kind. Dies sind oft Familien, in denen sexueller Missbrauch und Misshandlung stattfinden. Das Kind befindet sich in einem Konflikt zwischen Annäherungs- und Vermeidungsverhalten. Es ist daher auch in der Familiären Krisenpflege nicht bereit, sich auf nähere Beziehungen einzulassen, und wirkt nach außen dominant und selbstständig.[87]

Vor allem in der Tätigkeit mit Krisenkindern muss man sich über die Auswirkungen der vorangegangenen Bindungserfahrungen bewusst sein. Kinder werden von der Herkunftsfamilie getrennt, da dort ihre Versorgung und Erziehung nicht sichergestellt werden kann. In diesen Familien machten diese Kinder meist Erfahrungen wie Deprivation, Misshandlung, Verwahrlosung, Verlust und Gewalt. Wurden diese Erfahrungen über einen längeren Zeitraum gemacht, entwickelt das Kind Bindungsstörungen. Diese Bindungsstörungen können auch nach einer Abnahme in einer neuen Familie weiter bestehen. Hier stellen sie eine hohe Belastung in der neuen Bindung dar.[88]

Aufbauend auf die Konsequenzen der Bindung in der Herkunftsfamilie, wird im Folgenden näher auf den Bindungsaufbau in der Familiären Krisenpflege eingegangen.

7.3 Bindungsaufbau in der Familiären Krisenpflege

Der Bindungsaufbau in der Familiären Krisenpflege geschieht in Phasen. Relevant für die Bindungsqualität sind hierbei auch die Aufgaben der Krisenmutter und deren Reaktion auf das Kind. Diese Themen werden in dem nachfolgenden Kapitel behandelt.

Im Folgenden werden die Aufgaben der Krisenmütter, die einen wesentlichen Beitrag zum Bindungsaufbau leisten, aus Sicht der Mitarbeiterinnen des „Vereins für Pflege- und Adoptiveltern OÖ" geschildert.

7.3.1 Aufgaben der Krisenmütter

Die Hauptaufgaben stellen die Betreuung des Krisenkindes, das Einlassen auf das Kind und die Einhaltung der Termine dar. Anschließend wird auf die bindungsrelevanten Lehrinhalte der Ausbildung zur Krisenmutter eingegangen.

Die Ergebnisse der Leitfadeninterviews zeigen, dass die primäre Aufgabe der Krisenmutter vor allem die Betreuung des Krisenkindes ist. Die Krisenfamilie stellt hierbei die eigene Familie zur Verfügung. Diese sollte beim Kind sein, sich auf das Kind einlassen können und sich um das Kind annehmen. Vorherrschend ist die Meinung der Interviewpartnerinnen, dass das Kind wie in einer eigenen leiblichen Familie betreut wird. Somit sollten auch alle Bedürfnisse erkannt und altersgerecht befriedigt werden. Zusätzlich sind auch Therapien und Termine (z.B. ärztliche Untersuchungen und Besuchskontakte) für das Kind einzuhalten. Die Behandlungen und die Betreuung sollten schriftlich dokumentiert werden und Auffälliges ist dem Verein zu melden, damit weiter interveniert werden kann.
„Die Krisenpflegeeltern leben ja mit dem Kind zusammen. Das heißt also, ich bin darauf angewiesen, welche Informationen ich von der Krisenpflegefamilie bekomme."[89]

Die Krisenmütter sollten bei der Pflege, laut Meinung des „Verein für Pflege- und Adoptiveltern OÖ", mit Herz und Zuneigung agieren, wobei ein professioneller Beziehungsaufbau dazugehört.
„Ich glaube, das schafft man nicht. Wenn man ein Kind zuhause hat im Alltag, dass man es auf Distanz hält. Und das wäre auch für das Kind nicht sinnvoll."[90]

Erstaunlich ist, dass nur bei einer der Interviewpartnerinnen das Loslassen bei der erneuten Trennung gesondert als eine der primären Aufgaben der Krisenmütter genannt wurde.[91]

Krisenmütter werden besonders geschult, um den Anforderungen gerecht zu werden. Sie müssen in der Lage sein, ein fremdes Kind in der Familie schnell aufzunehmen und anzunehmen. Zusätzlich müssen sie das Kind auch schnell wieder loslassen können. Diese Intervention erfordert Flexibilität und Professionalität. In der Betreuung werden die Krisenmütter daher auch von professionellen Fachkräften begleitet.[92] Folgt man den Aussagen dieses Artikels, ist erstaunlich, dass nur eine der Mitarbeiterinnen der Familiären Krisenpflege in den Interviews über die Ausbildung zur Krisenmutter Bescheid wusste und Auskunft geben konnte. Die Krisenmütter werden in Bezug auf Bindungsaufbau nicht eigens geschult. Diese Erkenntnisse werden in einer Selbsterfahrung im Rahmen von Rollenspielen erprobt. Laut Aussagen dieser Mitarbeiterin kann man auf den Bindungsaufbau und die Gefühle bei der Trennungserfahrung in einer Ausbildung nicht ausreichend vorbereitet werden. Der Umgang mit Kindern in diesen Situationen wird vielmehr in der Praxis erlernt. Hierbei erhalten die Krisenmütter jedoch Unterstützung von den Mitarbeiterinnen des „Vereins für Pflege- und Adoptiveltern OÖ".[93]

7.3.2 Bindungsaufbau

Zunächst werden allgemeine Faktoren der Bindung in der Familiären Krisenpflege beschrieben. Darauf aufbauend werden die drei Phasen des Bindungsaufbaus anhand der Interviews geschildert.

Der Beginn der Familiären Krisenpflege ist von Ungewissheit geprägt. Die Krisenfamilie kennt das Kind, welches in die Familie kommt, nicht. Es ist unklar, welche Gewohnheiten das Kind hat, was es gerne isst und welche Erfahrungen das Kind bereits gemacht hat. Das Kind ist plötzlich da. Es benötigt viel Zuwendung und Zeit, um mit dem Kind in Kontakt zu kommen und es kennen zu lernen.[94]

Durch die angeborene Bindungsbereitschaft eines Kindes ist es jedoch möglich, dass das Kind sich auch an Personen, die nicht leiblich verwandt sind, aber die Pflege und Betreuung des Kindes übernehmen, bindet. Hermann Scheurer-Englisch beschreibt den Prozess des Bindungsaufbaus in der Zeitspanne zwischen sechs und 36 Monaten. Bei Kindern bis zum fünften Lebensjahr ist dieser Bindungsaufbau durch die Bindungsbereitschaft ein automatisierter Vorgang, sie wirken am Bindungsaufbau nicht aktiv mit. Aus diesem Grund soll den Kindern, die nur vorübergehend aufgenommen werden, von den Betreuungspersonen vermittelt werden, dass dies auch eine befristete Unterkunft für das Kind ist. In dieser Zeit der Betreuung stellen die Kriseneltern aber feinfühlige Bindungspersonen dar. Kriseneltern stehen den Kindern wie Pflegeeltern auch Tag und Nacht zur Verfügung. Sie bieten dem Kind eine familiäre Unterkunft und sind für das Kind verantwortlich. Der Bindungsaufbau wird hier in verschiedenen Phasen beschrieben. In der ersten Phase sind die Kinder zumeist sehr ruhig und angepasst. Sie wirken passiv und zeigen wenig von ihrem gewohnten Verhalten und ihren Beziehungsmustern. Das Kind baut in dieser Phase Sicherheit auf. Wenn es sich nach einigen Wochen eingelebt und eingewohnt hat, beginnt es das Vertrauen auszutesten. Diese Phase kann sehr anstrengend für die Krisenpflegeeltern sein, da das Kind mit Übertragungen beginnt. Es projiziert Gefühle aus der leiblichen Familie in die Krisenfamilie und traumatische Erfahrungen werden wieder erlebt. Es wiederholt seine erlernten Beziehungsmuster und testet seine Grenzen in der neuen Umgebung aus. In der dritten Phase wird das Kind wieder ruhiger. Es kann sich aufgrund von entstandenen stabilen Beziehungen weiterentwickeln.[95]

Die Interviewpartnerinnen beschrieben den Bindungsaufbau in der Intervention der Familiären Krisenpflege auch in Phasen. Diese decken sich mit den literarischen Befunden, die in Kapitel 3.1 bereits beschrieben wurden. Zu Beginn der Betreuung in der Familiären Krisenpflege gibt es eine – wie in der Bindungstheorie beschriebene – Anpassungs- oder Integrationsphase. In dieser Phase lernt das Kind die neue Umgebung und die Familie kennen. Es ist eher brav und angepasst. Es ordnet sich dem Familienalltag unter. Nach dieser Phase, die meist drei Monate dauert, beginnen die Kinder auszutesten. Sie fallen oft in alte Muster hinein und testen aus, ob die Bezugsperson diesem Verhalten Stand halten kann. Nach dieser Phase beruhigt sich das Kind im Normalfall wieder ein wenig. Auf diese eher ruhige Phase erfolgt eine erneute Austestung durch das Kind. Das Kind möchte dabei erproben, ob es wirklich bei dieser Familie bleiben kann und ob die neuen Bezugspersonen bei dem Kind bleiben. In dieser Phase findet auch der Bindungsaufbau statt.[96]

Auch die Tatsache, dass die Krisenmutter das Kind immer besser kennen lernt, trägt zum vertrauteren Verhältnis bei. Die Krisenpflegemutter erlebt immer mehr mit dem Kind und weiß, wie es sich fühlt und was das Kind braucht. Hier merkt man deutlich die Veränderung in der Beziehung. Die Bindung zu den leiblichen Eltern „wächst immer mehr zu den Kriseneltern hinüber", je länger das Kind in der Krisenfamilie untergebracht ist. Bemerkenswert ist auch, dass die Kinder bei den Besuchskontakten immer mehr die Krisenpflegeeltern fragen, wenn sie etwas brauchen.[97] Die Veränderung in der Beziehung merkt man sehr deutlich am Verhalten der Kinder. Die Kinder suchen in einer fremden Umgebung, die sie verunsichert, die Nähe der Krisenmutter und vergewissern sich, dass sie hier ist. Man merkt, dass die Krisenmutter immer mehr die Bezugsperson für das Kind wird.[98] Die Mitarbeiterinnen der Familiären Krisenpflege des „Vereins für Pflege- und Adoptiveltern OÖ" sind sich einig, dass sich die Beziehung zwischen Krisenmutter und Krisenkind im Laufe der Betreuungszeit verändert. Sie wird immer vertrauter und inniger. Man könnte sagen, dass eine Bindung entsteht.

Aufbauend auf die Entstehung der Bindung in der Familiären Krisenpflege wird im Folgenden die Bindung zwischen Krisenmutter und Krisenkind näher betrachtet.

7.3.3 Bindung in der Familiären Krisenpflege

Aus den geführten Interviews kann auf eine Bindung in der Familiären Krisenpflege geschlossen werden. Im Folgenden wird die Intensität und Qualität dieser Bindungen erläutert.

Bemerkenswert ist, dass bei der Frage nach der Beziehung zwischen Krisenmutter und Kind nur eine der fünf Interviewpartnerinnen nicht von Bindung spricht. Interviewpartnerin 1 meinte, dass bei langer Krisenpflege eine Bindung zwischen Krisenmutter und Krisenkind entsteht. Es wird den Kindern vermittelt, dass sie nicht für immer in dieser Familie bleiben können. Trotzdem kommt es auf den Entwicklungsstand und das Alter des Kindes an, ob es diesen Umstand kognitiv nachvollziehen kann und was dies für das Kind bedeutet. Trotzdem beginnt der Bindungsaufbau in den meisten Fällen sehr rasch, da das Kind zum ersten Mal eine konstante und verlässliche Bezugsperson erlebt.[99] Auch Interviewpartnerin 2 machte immer wieder die Erfahrung, dass sich die Kinder sehr schnell an die Kriseneltern gewöhnen. Sie möchte sich nicht auf das Wort Bindung festlegen, glaubt jedoch, dass die Kinder den Kriseneltern vertrauen und ein Naheverhältnis aufbauen. Begründet wird dieses Verhältnis mit der Gewissheit der Kinder, dass die Kriseneltern ihnen das Essen geben, einen Tagesablauf für sie gestalten, ihnen altersgerechte Grenzen setzen und sie schützen.

Um zu verdeutlichen, wie rasch ein Bindungsaufbau geschehen kann, wird hier ein Beispiel genannt. Eine Krisenfamilie nimmt zwei Geschwister auf, die für die Dauer von sechs Monaten bei der Krisenfamilie untergebracht sind. Seit zwei Jahren leben die Geschwister nun in einer Wohngruppe. Der letzte Kontakt zwischen Kriseneltern und den beiden Kindern fand vor zirka zehn Monaten statt. Als die Kriseneltern die Kinder wieder besuchten, spricht das jüngere der beiden noch immer von Mama und meint damit die Krisenpflegemutter.

„Ich habe das erstaunlich gefunden, das hätte ich nicht gedacht.“[100]

„(...) das sehe ich schon bei den Besuchen, wie schnell die Kinder eigentlich immer wieder den Blickkontakt zu den Krisenpflegeeltern suchen, obwohl sie noch nicht sehr lange da sind.“[101]

Ein Krisenkind wird in den Familienverband eingebunden. Dabei lässt sich eine Bindung weder von Seiten des Kindes noch von Seiten der Krisenmutter verhindern. Wenn Kinder merken, dass sie sich in einem gesicherten und behüteten Umfeld befinden, öffnen sie sich sehr schnell für eine Bindung. Man erkennt in der Beziehung zwischen Krisenmutter und Krisenkind kaum einen Unterschied zu den leiblichen Kindern der Krisenmutter. Trotz Anregung durch die Krisenmutter, dass die Krisenkinder sie beim Vornamen nennen und nicht als „Mama“ bezeichnen sollen, lässt sich das sehr oft nicht verhindern, da die Krisenkinder die gleiche Behandlung erfahren wie die leiblichen Kinder.[102]

Interviewpartnerin 3 betonte den Unterschied zwischen den Kindern. Es gibt Kinder, die sich sehr schnell an die Krisenpflegeeltern gewöhnen und binden. In solchen Fällen sagen die Krisenpflegeeltern oft, das Kind würde sich verhalten, als sei es schon immer hier gewesen. Andererseits gibt es Kinder, die durch ihre Vorgeschichte sehr große Probleme bei der Kontaktaufnahme und zu Beginn der Betreuung haben. Sie erzählt von den Erfahrungen mit einem Jungen. Dieser war bei der Aufnahme zweieinhalb Jahre alt. Er hatte sehr große Schwierigkeiten beim Eingewöhnen in die Krisenpflegefamilie. Dieser Junge lief immer wieder davon, unabhängig davon, ob Betreuungspersonen in der Nähe waren oder nicht. Dieser Junge konnte sich in der Krisenpflegefamilie auf kein Bindungsangebot einlassen.[103]

Den meisten Kindern ist jedoch sehr schnell bewusst, dass die Krisenmutter hauptzuständig für sie ist. Obwohl viele Kinder distanzlos sind und auch mit anderen fremden Menschen mitgehen würden, finden sie schnell heraus, dass sie bei der Krisenmutter bleiben sollen. Nach einer Eingewöhnungszeit von drei bis vier Monaten hat sich das Kind meist bereits in der Krisenfamilie verwurzelt und Bindungen aufgebaut.[104] Zusammenfassend kann hier gesagt werden, dass die Mehrzahl der Kinder in kurzer Zeit ein vertrautes Verhältnis zur Krisenmutter bekommt und somit auch schnell eine Bindung zu ihr aufbaut. Die Qualität der Bindung hängt jedoch von den unterschiedlichen Vorgeschichten und Erlebnissen der Kinder ab und kann somit nicht einheitlich charakterisiert werden.

7.3.4 Risiko eines Bindungsaufbaus in der Familiären Krisenpflege

Zunächst wird auf das Risiko einer Bindung in der Familiären Krisenpflege näher eingegangen. Anschließend werden die daraus entstehenden Konsequenzen geschildert. Der nächste Abschnitt beschreibt die Ansichten von Sozialarbeiterinnen in Bezug auf Bindung und Beziehung in der Familiären Krisenpflege.

In der Familiären Krisenpflege wird dem Kind Schutz geboten. Zusätzlich wird die Zukunftsperspektive des Kindes geklärt. Leider bedingt dies oft eine längere Aufenthaltsdauer in der fremden Familie als geplant. Die Familiäre Krisenpflege soll auf die Rückführung zu den Eltern oder eine Dauerunterbringung vorbereiten. Das Kind muss daher über den zeitlich begrenzten Verbleib in dieser Familie aufgeklärt werden.

„Um dem Kind die Chance zu geben, sich über die Bereitschaftspflege hinaus bindungsoffen zu halten, sollte dies dem Kind gegenüber transparent gemacht werden.“[105]

Gleichzeitig wird das Kind jedoch von der Krisenfamilie versorgt und betreut. Es sollte ihm auch vermittelt werden, dass der nächste Übergang nicht unkontrolliert und unvorbereitet stattfinden wird. Bei Kindern unter drei Jahren werden diese Transparenz und diese Botschaften nicht nur verbal vermittelt, sondern es wird auch versucht, dem Kind die Botschaften durch Emotionen mitzuteilen.[106]

Die Perspektivenklärung für das Kind sollte so rasch wie möglich stattfinden, da ein Bindungsaufbau schon ab sechs Monaten beginnt. Eine sichere Bindung kann allerdings erst nach einer solchen Klärung aufgebaut werden. Die Intervention der Familiären Krisenpflege bedeutet somit in jedem Fall eine Verunsicherung für das Kind. Entweder findet der Übergang in eine nachfolgende Betreuung schnell statt, dann ist die Situation für das Kind nur wenig verständlich. Es hat viele Veränderungen erlebt, womit das Risiko von Bindungsstörungen erhöht wird. Oder das Kind hat sich durch die lange Dauer in der Familiären Krisenpflege gebunden. Dies bedeutet, dass es eine weitere Trennung erlebt, und es birgt die Gefahr, dass es sich auf keine neuen Bezugspersonen einlassen kann.

Für die Kinder ist in dieser Zeit trotzdem ein feinfühliger Umgang mit ihnen wichtig. Entscheidungen sollen ihnen transparent gemacht werden und tragfähige Zukunftsperspektiven sollten rasch entwikkelt werden. Für das Kind ist es von besonderer Bedeutung, dass es sich auf die Krisenfamilie verlassen kann, altersgerecht versorgt wird und die Familie auch wieder mit guten Gefühlen verlassen darf.[107]

Resultierend aus diesen Ergebnissen ist es wichtig, dass die Bezugspersonen in der Betreuung der Kinder einen stabilen Tagesablauf vorweisen und dauerhaft und verlässlich für das Kind zur Verfügung stehen. Im gesamten Verlauf der Betreuung ist es notwendig, dass sich Bezugspersonen als sicherer Hafen für das Kind erweisen. Das heißt, dass sie als Fürsorgepersonen fungieren, denen das Kind aufgrund ihrer Verlässlichkeit vertraut. Daher sind eine Trennung oder ein Wechsel der Bezugsperson früh anzukündigen, damit sich das Kind darauf einstellen kann.
„Aus Bindungssicht geht es vor allem darum, den Kindern Beziehungsangebote zu machen, die es ihnen erleichtern, wieder Vertrauen in sich, in Beziehungen und die Welt zu entwickeln."[108]

Dies stellt auch den Grundsatz für das Gelingen der Erziehung und der Veränderungen im Verhalten des Kindes dar. Hierbei sollten die Bindungsmuster der Kinder reflektiert und akzeptiert werden. Um Kinder andere sichere Bindungsmuster erfahren lassen zu können, müssen die alten Bindungsmuster professionell bearbeitet werden.[109]

Exemplarisch werden nun das Verhalten von unsicher vermeidenden Kindern und unsicher ambivalente Verhaltensmuster kurz dargestellt. Bei unsicher-vermeidenden Kindern haben Krisenpflegeeltern oft das Gefühl, dass sie nicht an das Kind herankommen. Es ist wichtig, dass Kriseneltern trotzdem auf die Bedürfnisse des Kindes achten und darauf altersgerecht reagieren.

Unsicher ambivalente Kinder können ihre Gefühle nicht von den Gefühlen anderer Menschen abgrenzen. In ihrem Gefühl herrscht oft ein Zwiespalt. Einerseits suchen sie die Nähe der Bezugsperson und andererseits fühlen sie sich von dieser Nähe schnell bedroht. In diesen Fällen sollte die Beziehung zwischen Krisenkind und Bezugsperson sehr stabil sein. Eine gesunde und konsequente Grenzsetzung ist notwendig, um dem Kind auch eigene Möglichkeiten aufzuzeigen und es Selbstwirksamkeit erfahren kann.[110]

Wurde während der Betreuung in der Familiären Krisenpflege eine Entscheidung getroffen, kann das Kind in die Herkunftsfamilie zurückgeführt werden oder in eine nachfolgende Unterbringung gebracht werden. Dies bedeutet für das Kind eine weitere Trennung, einen weiteren Bindungsabbruch und eine Übergangsphase in die neue Betreuung, die im folgenden Kapitel bearbeitet werden.

8. Trennung von Krisenpflegeeltern und die Auswirkungen auf das Kind

Nach durchschnittlich acht Monaten wird die Familiäre Krisenpflege beendet, da eine Rückführung oder nachfolgende Unterbringung möglich ist. Das bedeutet, dass das Kind von den Krisenpflegeeltern, an die es sich in den meisten Fällen gebunden hat, wieder trennen muss. Diese Trennung und ihre Konsequenzen werden in diesem Kapitel näher erläutert.

Laut Interviewpartnerin 5 würde eine Krisenpflege im Idealfall nach der Dauer von nur drei bis vier Monaten beendet werden. Kurz bevor sich das Kind in der Krisenpflegefamilie verwurzelt, sollte es in die nächste Unterbringung kommen. Unter dem Blickwinkel der Kinder wäre dies die optimale Dauer. Leider ist das jedoch aufgrund von gerichtlichen Entscheidungen und nachfolgenden Einrichtungen oder Pflegefamilien überwiegend nicht möglich. Wird dieser Zeitrahmen überschritten, haben die Kinder in den meisten Fällen eine Bindung zu den Krisenmüttern aufgebaut. Sie wollen von ihnen nicht mehr getrennt werden. Die Krisenmutter ist wie eine leibliche Mutter für sie geworden. Interviewpartnerin 5 beschreibt, dass die Trennung der schwierigste und anstrengendste Teil der Krisenpflege ist. Auch der Beginn, also die Kontaktaufnahme, ist vergleichsweise relativ harmlos.[111]
Für das Krisenkind ist die Trennung von den Kriseneltern ein weiterer Bindungsabbruch. Es macht aus Sicht des Kindes keinen Sinn, wieder Abschied zu nehmen und das Umfeld noch einmal zu wechseln, da es die Intervention kognitiv oft nicht nachvollziehen kann. *„Dem Kind ist es ja dort gut gegangen, warum soll es da wieder weg?“*[112]
Die neuerliche Trennung bringt wieder eine rasche Umstellung, einen Abschied und einen Trauerprozess mit sich. Es ist ein weiterer Beziehungsabbruch innerhalb von kurzer Zeit, den das Kind zu ver-

arbeiten hat. Das Kind muss wieder neu Vertrauen in eine Familie aufbauen.[113]

„Das, was sie in der Krisenpflege durchgemacht haben, machen sie jetzt noch einmal durch. Wahrscheinlich noch ein Stückchen härter.“[114]

Wenn die nachfolgende Einrichtung eine langfristige Fremdunterbringung ist, muss es sich zeitgleich auf eine neue Familie und eine neue Umgebung einstellen. Hierbei ändert sich auch das Verhältnis zu den leiblichen Eltern, da die Besuchskontakte eingeschränkt werden.[115] In der Krisenpflege hatte das Kind wöchentliche Besuchskontakte zu seinen leiblichen Eltern. Bei einer Dauerunterbringung werden die Treffen auf einmal im Monat reduziert.[116] Ein weiteres Problem bei der Trennung von den Krisenpflegeeltern ist die Übertragung der Gefühle der Krisenmutter auf das Kind. Es gibt oft Übergaben, bei denen die Kriseneltern sich sehr schwer tun, das Kind wegzugeben. Schwierig ist diese Situation auch, wenn die Kriseneltern nicht mit der Folgeeinrichtung oder Rückführung einverstanden sind. Diese negativen Gefühle und die Antisympathie der Krisenpflegeeltern werden oft unbewusst auf das Kind übertragen. Es hat somit nicht die „Erlaubnis“ zu gehen und keine Zeit sich zu verabschieden und die Trauerphase zu überwinden.[117]

Wird die Familiäre Krisenpflege beendet, findet ein Übergang zur nachfolgenden Unterbringung statt.

8.1 Übergang in die nachfolgende Betreuung

Die Übergangsphase ist besonders relevant für das Einleben in die Nachfolgeunterbringung und somit für die weitere Entwicklung des Kindes. Daher wird von den Sozialarbeiterinnen ein besonderes Augenmerk auf einen sanften Übergang gelegt. Es soll ein gleitender Übergang sein. Das heißt, dass die Trennung von den Kriseneltern und die Anbahnung zu den nächsten Bezugspersonen fließend verlaufen. Damit können weitere abrupte Trennungen und daraus folgende Traumatisierungen vermieden werden.

In der Übergangsphase soll das Kind – wenn möglich – die neuen Bezugspersonen kennen lernen, um schon vorab ein Gefühl von Vertrauen und Sicherheit zu erleben und Ängste und Hürden abbauen zu können. Wichtig ist hierbei eine größtmögliche Klarheit für das Kind. Es soll in die Veränderungen miteinbezogen und eine Transparenz des Prozesses ermöglicht werden. Wichtig ist hier auch die Botschaft, dass das Kind von zuverlässigen Erwachsenen begleitet und unterstützt wird.[118]

Interviewpartnerin 1 gab an, dass der Übergang für das Kind sehr wichtig ist. Er sollte so gestaltet werden, dass das Kind keinen Abbruch erlebt. Man kann zwar den Trennungsschmerz nicht verhindern, aber man kann einer weiteren Traumatisierung durch einen geordneten Übergang vorbeugen.[119] Dieser geordnete Übergang besteht aus einer Anbahnungsphase und einer Nachbetreuungsphase. Diese werden in den nächsten beiden Abschnitten näher beschrieben.

8.1.1 Anbahnungsphase

Eine Anbahnung wird bei der Trennung von der Krisenfamilie gemacht. Die Pflegefamilie besucht das Kind mehrmals bei der Krisenfamilie in seiner mittlerweile gewohnten Umgebung. Danach besucht die Krisenfamilie mit dem Krisenkind die Pflegefamilie einige Male, damit sich das Kind an die neue Umgebung gewöhnen kann und die Familie kennen lernt. Die Dauer der Anbahnung ist von Fall zu Fall sehr unterschiedlich. Sie ist abhängig von der Dauer der Krisenpflege, dem Entwicklungsstand des Kindes und der aufgebauten Bindung zur Krisenmutter. Die Dauer der Anbahnung variiert im Zeitraum von zwei bis zu acht Wochen. Bei kleineren Kindern finden in der Anbahnung sehr viele Kontakte zu den Pflegeeltern in kurzer Zeit statt, dafür wird die Anbahnung im Gesamtverlauf verkürzt. Diese zeitliche Beschränkung ist aufgrund des fehlenden Zeitgefühls bei Kleinkindern vorzunehmen. Bei älteren Kindern verlängert sich der Zeitraum bei den Besuchen. (Dreijährige Kinder z.B. bleiben oft einen ganzen Tag bei der Pflegefamilie.) Im Idealfall spricht die Krisenmutter sehr intensiv mit dem Kind über den Abschied. Während der Anbahnung setzen sich die Krisenpflegeeltern gemeinsam mit dem Kind über die Trennung auseinander. Sie bereiten es auf die Unterbringung vor.[120] Trotzdem bringt es sehr viel Überwindung mit sich, wenn das Kind bei jedem Abschied, bei dem es für eine Zeit in der nachfolgenden Unterbringung gelassen wird, weint und mit den Krisenpflegeeltern mitgehen möchte.[121]

Ist die Anbahnung beendet und das Kind in die nachfolgende Unterbringung übersiedelt, beginnt die Nachbetreuung. Diese dient dem Abschluss der Familiären Krisenpflege.

8.1.2 Nachbetreuung

Ist das Kind nach der Anbahnung zu den Pflegeeltern oder in die folgende Einrichtung übersiedelt, beginnt die Nachbetreuung. In dieser besuchen die Krisenpflegeeltern das Kind noch öfter, um den Trauerprozess und den Abschied zu unterstützen und zu beenden.[122] Nach der Anbahnung und der Nachbetreuung sind weitere Kontakte zwischen der Krisenpflegefamilie und dem Kind nicht vorgesehen. Sollte es jedoch von allen Seiten: der Krisenfamilie, dem Krisenkind und auch der Pflegefamilie gewünscht werden, können weitere Besuche stattfinden.[123]

Im Folgenden wird die Gestaltung der Übergangsphase geschildert.

8.2 Faktoren für die Gestaltung der Übergangsphase

In der Dauer des Beendens der Familiären Krisenpflege gibt es einen Unterschied, je nachdem wie lange ein Kind in der Intervention war. Dabei spielen allerdings viele Faktoren eine Rolle. Vor allem auf das Alter und den Entwicklungsstand des Kindes wird Rücksicht genommen.[124] Wenn ein Kind z.B. im Alter von drei Jahren in die Krisenfamilie kommt, wird es sich nicht so schnell an die Krisenmutter binden wie ein Säugling, der seit der Geburt noch kaum Kontakt zu seiner leiblichen Mutter hatte.[125] Hat das Kind eine Bindung zur Krisenmutter aufgebaut, wird die Dauer der Anbahnung und der Nachbetreuung länger und intensiver. Dies hat den Hintergrund, dass Kinder, die kürzer in der Betreuung waren, sich leichter von den Kriseneltern trennen. Kinder, die länger in der Krisenfamilie waren, sind mehr mit den Kriseneltern verbunden und sie kommen sich immer näher.[126] Die Sozialarbeiterinnen achten bei der Übergangsphase darauf, dass das Kind so viel Zeit bekommt, wie es für den Abschied benötigt. Damit möchten sie dem Kind die Umstellung und die Eingewöhnung in die neue Familie oder neue Umgebung erleichtern. Manche Kinder wissen und verstehen durch den sanften Übergang schon bei der Anbahnung, dass dies ihr fixer Platz sein wird. Hier können sie bleiben. Das hat Vorteile für die weitere Entwicklung. Diese Kinder sind dann auch gerne bei der Pflegefamilie.[127]

Im Folgenden wird die Trennungsproblematik auf Seite der Krisenmutter beschrieben.

8.3 Probleme bei der Trennung für die Krisenmutter

Hat sich das Kind an die Krisenmutter gebunden, stellt sich die Frage, ob dies auf Gegenseitigkeit beruht. Eine sichere Bindung beruht, wie im Kapitel vier beschrieben, auf Wechselseitigkeit und

Abstimmung der beiden BindungspartnerInnen. Aus diesem Blickwinkel werden in diesem abschließenden Kapitel die Probleme der Krisenmutter bei der Trennung vom Krisenkind behandelt. Aus diesen Erkenntnissen kann auf die Qualität der Bindung geschlossen werden.

„Die Kinder machen einen Trauerprozess durch, genauso wie die Krisenpflegeeltern."[128]
Für die Krisenmutter ist der Abschied vom Krisenkind sehr schwer, da sie meist sehr viel Zeit und Liebe in das Kind investiert und es wie ein leibliches Kind betreut hat. Fand ein Bindungsaufbau statt, ist es eine sehr schwierige Trennung für die Krisenmutter.
„(...) bei langen Betreuungsdauern haben wir die Rückmeldung, dass der Übergang schwierig ist für die Krisenfamilien. (...) unsere Krisenpflegemütter wissen von Beginn an, dass sie das Kind wieder hergeben, aber es ist trotzdem ein Bindungsaufbau passiert. Gerade bei langen Betreuungsdauern, wo es schon wieder schwierig ist, den Abschied zu machen."[129]
Vor allem ist es schwer auszuhalten, dass das Kind den Sinn dieser Trennung nicht verstehen kann. Dies bringt Schmerz und Trauer. Es herrscht eine gewisse Hilflosigkeit, dem Kind zu erklären, warum es jetzt in eine andere Unterbringung kommt. Auch die Krisenmutter hat einen Trauerprozess durchzumachen. Ein großes Problem bei der Trennung ist, wenn die Kriseneltern nicht hinter der Entscheidung der Unterbringung oder Rückführung stehen, z.B. durch unterschiedliche Erziehungsstile[130] oder/ und, dass in der folgenden Unterbringung Bedingungen vorherrschen, die für das Kind aus Sicht der Krisenpflegeeltern nicht günstig sind.[131] Wenn die Kriseneltern die Entscheidung nicht mittragen, ist es sehr schwer für sie loszulassen. Hier entsteht eine weitere Hürde, die es zu überwinden gilt. Oft verstehen die Personen der weiteren Unterbringung die Bindung zwischen Krisenmutter und Krisenkind nicht.

Durch die Schwere der Trennung hat es in der Vergangenheit auch Fälle gegeben, bei denen die Familiäre Krisenpflege zur Dauerpflege wurde.[132]

9. Resümee und Ausblick

Zunächst werden die wichtigsten Ergebnisse der Arbeit zusammengefasst und die Forschungsfragen dieser Arbeit behandelt. Es wird der daraus resultierende Handlungsbedarf in der Sozialen Arbeit erläutert. Abschließend findet ein Ausblick auf weitere Forschungsarbeiten statt.

Bindung ist eine Art emotionales Band zwischen zwei Personen. Verwendet man diese Begriffsdefinition, kann aus den geführten Interviews auf einen Bindungsaufbau in der Familiären Krisenpflege geschlossen werden. Zusätzlich wird angemerkt, dass vier der fünf Interviewpartnerinnen bei der Betreuung von Krisenkindern von Bindung sprechen.

Der Bindungsaufbau in der Familiären Krisenpflege kann einerseits auf die derzeitige Dauer der Betreuung zurückgeführt werden, da sich die strukturellen Bedingungen für die Intervention in den letzten Jahren verändert haben. Die Zeitspanne der Krisenbetreuung wurde durch die Überlastung bei Gericht und das Fehlen von adäquaten Nachfolgeeinrichtungen auf eine Durchschnittsdauer von acht Monaten ausgeweitet. Hinzu kommt, dass immer mehr GutachterInnen zur Entscheidung herangezogen werden. Andererseits resultiert aus der Bindungstheorie, dass sich Kinder an diejenigen Personen binden, die sich am feinfühligsten um sie kümmern. Die Bindung zwischen Kind und Bezugsperson entsteht innerhalb des ersten Lebensjahres. Das Kind baut in dieser Zeit eine starke emotionale Bindung zu dieser Bezugsperson auf. Bei Kindern, die nicht als Säugling in die Familiäre Krisenpflege aufgenommen werden und schon eine Bindung zur leiblichen Mutter aufgebaut haben, kann eine andere Person ersatzweise zum Trösten dienen. Wenn diese Person feinfühlig auf das Kind reagiert und dessen Bedürfnisse befriedigt, wird eine weitere Bindung aufgebaut. Durch die

Hauptaufgabe der Krisenmutter – die Betreuung des Kindes und die damit verbundene Bedürfnisbefriedigung – lässt sich ein Bindungsaufbau in der Familiären Krisenpflege nicht verhindern. Das Fundament für weitere Bindungserfahrungen, das die Bindung zur leiblichen Mutter darstellt, kann dadurch jedoch nicht ersetzt werden. Vielmehr werden durch die Familiäre Krisenpflege zusätzliche Bindungen aufgebaut. Je altersgemäßer und offener die Krisenmutter auf das Verhalten und die Bedürfnisse des Kindes reagiert, desto schneller wird das Kind eine Bindung zu ihr aufbauen. Krisenpflegeeltern sollten daher fähig sein, dem Kind ein Bindungsangebot zu machen. Ein weiterer Faktor für die Entstehung einer Bindung in der Familiären Krisenpflege ist die Bindungsbereitschaft eines Kindes. Diese Bereitschaft ist bis zum fünften Lebensjahr ein automatisierter Vorgang. Die Bindung entsteht durch das gegenseitige bessere Kennen lernen von Krisenmutter und Krisenkind. Dies trägt zu einem vertrauten Verhältnis bei. Es werden in der Betreuung viele gemeinsame Erfahrungen gesammelt, auf deren Basis eine Bindung entsteht. Die Bindung ist im Verhalten der Kinder beobachtbar. In fremden Umgebungen vergewissern sie sich, ob die Krisenmutter anwesend ist. Bemerkenswert ist auch, dass vor allem bei Besuchskontakten die Krisenmutter und nicht die leibliche Mutter für die Bedürfnisbefriedigung herangezogen wird.

Bezogen auf die unterschiedliche Dauer und die Individualität jedes Kindes können viele Arten von Qualität und Intensität der Bindung entstehen. Daher kann hier keine Verallgemeinerung der Bindungen in der Familiären Krisenpflege stattfinden. Vielmehr ist eine Kategorisierung notwendig. Der Bindungsaufbau hängt von der Vorgeschichte und der Bindungsbereitschaft des Kindes ab. Kinder, die von der Herkunftsfamilie getrennt werden, haben in ihrem bisherigen Leben meist keine sichere Bindung zu ihren Bezugspersonen aufgebaut. In vielen Fällen wurden sie vernachlässigt und misshandelt. Diese Erfahrungen haben Auswirkungen auf das weitere Bindungsverhalten. Hinzu kommt der Zeitrahmen, in dem das Kind von der Krisenmutter betreut wird. Ist in dieser Zeit und nach Individualität des Kindes ein Bindungsaufbau möglich, wird dieser in der Familiären Krisenpflege auch stattfinden. Die Bindungsqualität hängt jedoch auch von den Vorerfahrungen und den Konsequenzen der erlebten Trennung ab. Somit bestehen viele verschiedene Formen und Arten des Bindungsaufbaus in der Familiären Krisenpflege.

Nach einer Eingewöhnungszeit des Kindes in der Krisenfamilie, die laut Interviewpartnerinnen ca. drei bis vier Monate dauern kann, hat sich das Kind in der Krisenfamilie verwurzelt. Im Idealfall sollte das Kind, bevor dieser Zeitrahmen überschritten wird, in eine nachfolgende Betreuung kommen, damit die Trennung von den Kriseneltern keinen Bindungsabbruch beinhaltet. Ist das Kind jedoch in der Krisenfamilie verwurzelt, kann die weitere Trennung ein Risiko für die kindliche Entwicklung darstellen. Da die derzeitige Familiäre Krisenpflege durchschnittlich acht Monate dauert, erleben die meisten Kinder jedoch einen weiteren Bindungsabbruch. Es ist der zweite Bindungsabbruch in relativ kurzer Zeit. Für ein kleines Kind können frühe Trennungen einen Risikofaktor darstellen, der Auswirkungen bis ins Erwachsenenalter haben kann. Viele der Kinder scheinen nach einer Trennung auch keine weitere Bindung mehr eingehen zu wollen. Sie haben massive Angst vor einer weiteren Trennung und begegnen den neuen Personen mit Misstrauen, um sich vor einer weiteren Verletzung zu schützen.

Trotz dieser Erkenntnis hat es viele überwiegende Vorteile, eine Bindung zum Krisenkind herzustellen. Daher bestehen in Bezug auf Bindung in der Familiären Krisenpflege unterschiedliche Meinungen. Kinder in der Familiären Krisenpflege haben in ihrem Leben meist nur unzureichend positive Erfahrungen im Bindungserleben gemacht. Bedenkt man, dass ein erlerntes Bindungsverhalten bis zu zehn Jahre aufrecht erhalten bleibt, ist es trotzdem wichtig, dass Kinder in der Familiären Krisenpflege die Chance haben, eine positive Bindung zu erleben. Dadurch kann sich das Kind in der

Intervention entfalten und positiv gefördert werden. Diese Bindung kann für die Persönlichkeitsentwicklung des Kindes bedeutend sein. Sie stellt die Grundlage für zukünftiges Handeln des Kindes dar. Eine sichere Bindung in der Familiären Krisenpflege ist ein Schutzfaktor für die kindliche Entwicklung. Das Kind kann somit belastenden Situationen mit Resilienz begegnen. Die Bindung nimmt in Bezug auf die Förderung des Kindes einen großen Stellenwert ein. Meist können nur bei einer bestehenden Bindung zur Krisenmutter Fortschritte im Verhalten und der Entwicklung des Kindes erlangt werden. Das Kind muss zumindest ein Vertrauensverhältnis zur Krisenmutter haben, damit es sich in dieser Zeit weiterentwickeln kann. Wichtig ist dabei, dass der Übergang in die nächste Betreuung so gleitend wie möglich gestaltet wird. Dem Kind soll eine weitere traumatische Trennung erspart bleiben. Es muss rechtzeitig auf die Veränderung vorbereitet werden. Dadurch kann es, trotz der erneuten Trennungserfahrung, die in der Familiären Krisenpflege entstandene Bindung positiv in die neue Betreuung mitnehmen. Hier können die erlebten Bindungserfahrungen auch als Hilfe für den neuen Beziehungs- oder Bindungsaufbau dienen. In der Familiären Krisenpflege geht es somit vor allem darum, dass Kindern Bindungsangebote gemacht werden, die es ihnen erleichtern sollen, Vertrauen in sich und in weitere Beziehungen zu entwickeln.

Es ist eine wesentliche Erkenntnis, dass der Großteil der Mitarbeiterinnen des „Vereins für Pflege und Adoptivfamilien OÖ“ kaum über die Ausbildung zur Krisenmutter Bescheid weiß. Diese betreuen jedoch die Krisenfamilien während der Intervention. Daher ist es wichtig, dass die Mitarbeiterinnen Wissen über die Ausbildung erlangen, um die Krisenmütter in allen Problemlagen bestmöglich unterstützen zu können. Weiters sollten Krisenmütter über die Erkenntnisse der Bindungsforschung in Bezug auf die veränderten strukturellen Bedingungen der Familiären Krisenpflege informiert werden. Durch das Wissen über Bindung, die Konsequenzen von Bindung in der Familiären Krisenpflege und dessen Reflexion könnte eine fördernde Bindungsgestaltung sichergestellt werden.

Um das Bindungsverhalten in der Familiären Krisenpflege bestmöglich fördern und die Betreuung adaptieren zu können, sind jedoch noch weitere Forschungsaktivitäten notwendig. Es müssen Untersuchungen zu den Auswirkungen einer Bindung in der Familiären Krisenpflege im weiteren Leben der Krisenkinder gemacht werden. Zusätzlich ist eine Erforschung der Betreuung in den Krisenfamilien sinnvoll, um eine praxisorientierte und ganzheitliche Betrachtungsweise zu gewinnen.

Hier wird auf die zweite Bachelorarbeit verwiesen. Sie wird als Weiterführung dieser Arbeit dienen. Es werden Krisenmütter mittels Leitfadeninterview zum Bindungsverhalten und zur Betreuung in der Familiären Krisenpflege befragt. Ziel der nächsten Bachelorarbeit ist es, die Ergebnisse zu vergleichen und ein realistisches, wahrheitsgemäßes Bild über die Betreuung und den Bindungsaufbau in der Familiären Krisenpflege zu erhalten.

Literaturverzeichnis

Ainsworth, Mary (1974): Bindung zwischen Mutter und Kinde und soziale Entwicklung. In: Grossmann, K. E. und K. Grossmann (2003) (Hg.): Bindung und menschliche Entwicklung, Stuttgart

Bowlby, John (2005): Frühe Bindung und kindliche Entwicklung, 5. Aufl., München

Bowlby, John (2008): Bindung als sichere Basis – Grundlagen und Anwendung der Bindungstheorie, München

Brisch, Karl Heinz (2009): Bindungsstörungen. Von der Bindungstheorie zur Therapie, 9. Aufl., Stuttgart

Brisch, Karl Heinz/ Grossmann, Klaus E./ Grossmann, Karin/ Köhler, Lotte (Hg.) (2006): Bindung und seelische Entwicklungswege – Grundlagen, Prävention und klinische Praxis, 2. Aufl., Stuttgart

Deutsches Bundesministerium für Familie, Senioren, Frauen und Jugend (2002): Bereitschaftspflege – Familiäre Bereitschaftsbetreuung, Stuttgart

Gläser, Jochen/ Laudel, Grit (2006): Experteninterviews und qualitative Inhaltsanalyse als Instrument rekonstruierender Untersuchungen, 2. Aufl., Wiesbaden

Grossmann, Karin/ Grossmann, Klaus E. (2008): Bindungen – das Gefüge psychischer Sicherheit, 4. Aufl., Stuttgart

Grossmann, Karin/ Grossmann, Klaus E. (2007): Der Beitrag der Bindungstheorie zur Bewältigungsforschung, in: Fooken Insa/ Zinnecker Jürgen (Hg.) (2007): Trauma und Resilienz, München

Nienstedt, Monika/ Westermann, Arnim (2008): Pflegekinder – und ihre Entwicklungschancen nach frühen traumatischen Erfahrungen, 2. Aufl., Stuttgart

Pfad für Kinder (Hg.) (2006): Frühkindliche Erfahrungen und ihre Auswirkungen auf das spätere Leben, Markt Bibart

Pflege- und Adoptiveltern OÖ (2007): Familiäre Krisenpflege – Einrichtung zur Unterbringung von Säuglingen und Kleinkindern in Krisensituationen, Linz

Scheurer-Englisch (2001): Kinder getrennt und doch gebunden. Die Bindungen von Pflegekindern. PFAD Bundesverband der Pflege- und Adoptivfamilien (Hg.), Frankfurt/ Main

Scheurer-Englisch (2004): Kindliche Sicherheit als Leitlinie fachlichen Handelns – Fremdplatzierung und Bindung von Kindern in Pflegefamilien. Pfad Bundesverband der Pflege- und Adoptivfamilien (Hg.), Frankfurt/ Main

Seidl, Margit (o.J.): Eine Zwischenstation für Kinder in Krisensituationen, http://www.pflegeeltern.at/_data/krisenpflege_-_Zwischenstation.pdf (Stand: 2. Oktober 2009)

Stiftung zum Wohl des Pflegekindes (Hg.) (2006): Bindung und Trauma – Konsequenzen in der Arbeit für Pflegekinder, Idstein

Suess, Gerhard J./ Pfeifer, Walter-Karl P. (Hg.) (2003): Frühe Hilfen – Die Anwendung von Bindungsforschung in Erziehung, Beratung, Therapie und Vorbeugung, 3. Aufl., Gießen

Wiemann, Irmela (2000): Pflege und Adoptivkinder – Familienspiele, Informationen, Konfliktlösungen, 6. Aufl., Reinbek bei Hamburg

Anmerkungen

1 vgl. Gläser/ Grit (2006): Experteninterviews und qualitative Inhaltsanalyse als Instrument rekonstruierender Untersuchungen, 2. Aufl., Wiesbaden, S. 107
2 ebd., S. 113
3 vgl. Pflege- und Adoptiveltern OÖ (2007): Familiäre Krisenpflege – Einrichtung zur Unterbringung von Säuglingen und Kleinkindern in Krisensituationen, Linz, S. 3f
4 vgl. Pflege- und Adoptiveltern OÖ (2007)
5 vgl. Deutsches Bundesministerium für Familie, Senioren, Frauen und Jugend (Hg.) (2002): Bereitschaftspflege – Familiäre Bereitschaftsbetreuung, Stuttgart
6 vgl. Deutsches Bundesministerium für Familie, Senioren, Frauen und Jugend (Hg.) (2002): S. 5
7 vgl. Suess/ Pfeifer (Hg.) (2003): Frühe Hilfen – Die Anwendung von Bindungsforschung in Erziehung, Beratung, Therapie und Vorbeugung, Gießen
8 Suess/ Pfeifer (Hg.) (2003): S. 281
9 vgl. Suess/ Pfeifer (Hg.) (2003): S. 282
10 ebd., S. 282
11 vgl. Pflege- und Adoptiveltern OÖ (2007): S. 1ff
12 ebd., S. 7
13 vgl. Tabelle 1: Frage 2
14 vgl. Tabelle 1: Frage 3
15 vgl. Interview 5, Z. 23-34
16 vgl. Tabelle 1: Frage 10
17 vgl. Deutsches Bundesministerium für Familie, Senioren, Frauen und Jugend (Hg.) (2002)
18 ebd., S. 15f
19 ebd., S. 35
20 vgl. Pflege- und Adoptiveltern OÖ (2007): S. 7
21 vgl. Pfad für Kinder (2006): S. 13
22 Bowlby (2005): Frühe Bindung und kindliche Entwicklung, 5. Aufl., München, S. 65
23 vgl. Stiftung zum Wohl des Kindes (Hg.) (2006): Bindung und Trauma – Konsequenzen in der Arbeit für Pflegekinder, Idstein, S. 13f

24 vgl. Brisch (2009): Bindungsstörungen. Von der Bindungstheorie zur Therapie, 9. Aufl., Stuttgart, S. 36f
25 Bowlby (2008): Bindung als sichere Basis – Grundlagen und Anwendung der Bindungstheorie, München, S. 9
26 vgl. Stiftung zum Wohl des Kindes (Hg.) (2006): S. 13f
27 vgl. Suess/ Pfeifer (Hg.) (2003): S. 46f
28 vgl. Ainsworth (1974): Bindung zwischen Mutter und Kind und soziale Entwicklung, S. 242ff
29 vgl. Stiftung zum Wohl des Kindes (Hg.) (2006): S. 14f
30 vgl. Deutsches Bundesministerium für Familie, Senioren, Frauen und Jugend (Hg.) (2002): S. 82ff
31 Bowlby (2005): Frühe Bindung und kindliche Entwicklung, 5. Aufl., Stuttgart, S. 65
32 vgl. Deutsches Bundesministerium für Familie, Senioren, Frauen und Jugend (Hg.) (2002): S. 82ff
33 Bowlby (2008): Bindung als sichere Basis, S. 21
34 vgl. Scheuerer-Englisch (2004): Kindliche Sicherheit als Leitlinie fachlichen Handelns, Frankfurt/ Main, S. 4ff
35 vgl. Nienstedt/ Westermann (2008): Pflegekinder, 2. Aufl., Stuttgart, S. 85ff
36 vgl. Scheuerer-Englisch (2001): Kinder getrennt und doch gebunden, Frankfurt/ Main, S. 15
37 ebd., S. 16
38 vgl. Nienstedt/ Westermann (2008): S. 103f
39 ebd., S. 123
40 ebd., S. 125
41 vgl. Scheuerer-Englisch (2001): S. 17
42 vgl. Grossmann/ Grossmann (2008): Bindungen – das Gefüge psychischer Sicherheit, 4. Aufl., Stuttgart, S. 144f
43 vgl. Brisch/ Grossmann/ Grossmann/ Köhler (Hg.) (2006): S. 17
44 vgl. Grossmann/ Grossmann (2007): Der Beitrag der Bindungstheorie zur Therapie, S. 133
45 vgl. Brisch (2009): S. 51f
46 vgl. Grossmann/ Grossmann (2008): S. 148
47 vgl. Brisch (2009): S. 52
48 vgl. Grossmann/ Grossmann (2008): S. 154ff
49 vgl. Brisch/ Grossmann/ Grossmann/ Köhler (Hg.) (2006): Bindung und seelische Entwicklungswege – Grundlagen, Prävention und klinische Praxis, 2. Aufl., Stuttgart, S. 221
50 vgl. Scheuerer-Englisch (2004): S. 12f

51 vgl. Suess/ Pfeifer (Hg.) (2003): S. 274
52 Suess/ Pfeifer (Hg.) (2003): S. 276
53 vgl. Suess/ Pfeifer (Hg.) (2003): S. 276
54 vgl. Scheuerer-Englisch (2004): S. 12f
55 vgl. Suess/ Pfeifer (Hg.) (2003): S. 283
56 Scheuerer-Englisch (2004): S. 12f
57 vgl. Scheuerer-Englisch (2004): S. 21f
58 vgl. Deutsches Bundesministerium für Familie, Senioren, Frauen und Jugend (Hg.) (2002): S. 19
59 vgl. Suess/ Pfeifer (Hg.) (2003): S. 278
60 vgl. Deutsches Bundesministerium für Familie, Senioren, Frauen und Jugend (Hg.) (2002): S. 86ff
61 vgl. Interview 3, Z. 14-45
62 vgl. Interview 4, Z. 20-26
63 vgl. Interview 1, Z. 136-163
64 vgl. Scheuerer-Englisch (2004): S. 24f
65 ebd., S. 25f
66 vgl. Suess/ Pfeifer (Hg.) (2003): S. 277f
67 ebd., S. 278
68 vgl. Tabelle 1, Frage 4
69 Interview 2, Z. 32-34
70 vgl. Wiemann (2000): Pflege und Adoptivkinder, Hamburg, S. 13
71 ebd., S. 15
72 Scheuerer-Englisch (2004): S. 18ff
73 vgl. Tabelle 1, Frage 5
74 Interview 2, Z. 27-28
75 Interview 4, Z. 26-27
76 Interview 3, Z. 42-44
77 Interview 1, Z. 26-27
78 vgl. Scheuerer-Englisch (2004): S. 4ff
79 vgl. Interview 5, Z. 59-71
80 Interview 5, Z. 67-71
81 vgl. Deutsches Bundesministerium für Familie, Senioren, Frauen und Jugend (Hg.) (2002): S. 21f
82 ebd., S. 82
83 vgl. Scheuerer-Englisch (2004): S. 8f
84 ebd., S. 10ff
85 vgl. Grossmann/ Grossmann (2004): Bindungen – das Gefüge psychischer Sicherheit, 4. Aufl., Stuttgart, S. 145
86 vgl. Scheuerer-Englisch (2004): S. 14ff

87 ebd., S. 16ff
88 vgl. Stiftung zum Wohl des Kindes (Hg.) (2006): S. 18
89 Interview 2, Z. 54-56
90 Interview 1, Z. 43-44
91 vgl. Tabelle 1, Frage 7
92 vgl. Seidl (o.J.): Eine Zwischenstation für Kinder in Krisensituationen, http://www.pflegeeltern.at/_data/Krisenpflege_-_Zwischenstation.pdf (Stand: 12. Oktober 2009), S. 3
93 vgl. Tabelle 1, Frage 16 u. Interview 5, Z. 250-272
94 vgl. Interview 5, Z. 36-68
95 vgl. Scheuerer-Englisch (2004): S. 27ff
96 vgl. Interview 1, Z. 60-72
97 vgl. Interview 2, Z. 79-94
98 vgl. Interview 5, Z. 148-154
99 vgl. Interview 1, Z. 50-58
100 Interview 2, Z. 69-70
101 Interview 2, Z. 75-77
102 vgl. Interview 4, Z. 78-85
103 vgl. Interview 3, Z. 60-70
104 vgl. Interview 5, Z. 106-123 u. Z. 136-146
105 Scheuerer-Englisch (2004): S. 23
106 vgl. Scheuerer-Englisch (2004): S. 23
107 vgl. Scheuerer-Englisch (2004): S. 24f
108 Scheuerer-Englisch (2004): S. 29
109 vgl. Scheuerer-Englisch (2004): S. 29
110 ebd., S. 29ff
111 vgl. Interview 5, Z. 106-123 u. Z. 136-146
112 Interview 1, Z. 119
113 vgl. Tabelle 1, Frage 13
114 Interview 4, Z. 119-121
115 vgl. Tabelle 1, Frage 13
116 vgl. Interview 4, Z. 106-121
117 vgl. Tabelle 1, Frage 13
118 vgl. Scheuerer-Englisch (2004): S. 22f
119 vgl. Interview 1, Z. 137-163
120 vgl. Interview 1, Z. 137-163
121 vgl. Interview 2, Z. 137-159
122 vgl. Interview 3, Z. 160-180
123 vgl. Interview 4, Z. 106-121
124 vgl. Tabelle 1, Frage 17

125 vgl. Interview 1, Z. 215-237
126 vgl. Tabelle 1, Frage 17
127 vgl. Interview 1, Z. 215-237
128 Interview 3, Z. 119
129 Interview 1, Z. 94-95 u. Z. 115-117
130 vgl. Tabelle 1, Frage 12
131 vgl. Interview 1, Z. 136-159
132 vgl. Tabelle 1, Frage 12

Anhang

Interviewleitfaden

Wie lange sind Sie schon in der Einrichtung Familiäre Krisenpflege tätig?

Wie lange sind die Kinder derzeit durchschnittlich in der Krisenfamilie?

Mit welchen Problemen sind die Krisenmütter zu Beginn der Krisenpflege im Kontakt mit den Kindern konfrontiert? Auf der Seite der Kinder? Auf der Seite der Mütter? Nennen Sie konkrete Beispiele!

Worin sehen Sie Ihre primäre Aufgabe in der Krisenpflege?

Wie sieht die Beziehung zwischen den Kindern und den Krisenmüttern aus? Nennen Sie konkrete Beispiele!

Erkennen Sie eine Veränderung in der Beziehung zwischen den Kindern und der Krisenmutter? Falls ja, welche Veränderungen nehmen Sie wahr?

Von welchen Faktoren hängt es ab, wie lange ein Kind in der Krisenfamilie bleibt? Welche Rolle spielt die Beziehung der Kinder zur Krisenmutter bei der Frage der Aufenthaltsdauer?

Mit welchen Problemen sind die Kinder sowie die Krisenmütter bei der Trennung von den betreuten Kindern konfrontiert?

In welchen Fällen hat die Betreuung eine positive Auswirkung auf die Kinder?

In welchen Fällen hat die Betreuung eine negative Auswirkung auf die Kinder?

Was sieht die Ausbildung zur Krisenmutter in Bezug auf Nähe (Mütterlichkeit) und Distanz vor?

Macht es einen Unterschied in der Beendigung der Beziehung, wie lange ein Kind in der Familie ist?

Soziale Arbeit im Rahmen der Jugendwohlfahrt
Interventionsmöglichkeiten bei innerfamiliärem sexuellem Missbrauch

Stefanie Weinzirl

Begutachterin:
Dr.[in] Irene Hiebinger

Inhaltsverzeichnis

Einleitung

Sexueller Missbrauch an Kindern stellt Sozialarbeiter/innen der Jugendwohlfahrt vor eine große Herausforderung. Sie müssen abwägen, wie groß das Ausmaß der Gefährdung ist, wann eingeschritten werden muss und welche Intervention im Einzelfall „die richtige" ist. Wird diese Aufgabe nicht bzw. unzureichend durchgeführt, tritt die Jugendwohlfahrt schnell in den Mittelpunkt der Öffentlichkeit. Immer wieder stehen Sozialarbeiter/innen vor Gericht und müssen sich gegen Vorwürfe, nicht zum Wohl und Schutz des Kindes gehandelt zu haben, verteidigen. Besondere Betroffenheit löst es aus, wenn der Kindesmissbrauch innerhalb der Familie passiert. Dabei wird für das Kind der Ort, an dem es Liebe und Zuneigung sucht, gleichzeitig zu einer Gefahrenquelle, an der massive Gewalt ausgeübt wird.

Ein großer Teil der Täter ist männlich und stellt so genannte Vaterfiguren dar. Der Missbrauch selbst beginnt häufig bereits im frühen Kindesalter. Fast 50% der Kinder sind bei den ersten Belästigungen jünger als sechs Jahre.[1] Dies ist auch der Grund, warum die vorliegende Arbeit den Missbrauch von Kindern in früher Kindheit durch Vaterfiguren fokussiert. Frühe Kindheit bedeutet in diesem Fall die Altersspanne von 0 bis 6 Jahren, die das Säuglings-, Kleinkind- und Vorschulalter umfasst.

Sexueller Missbrauch ist kein Randgruppenphänomen. Er kommt in allen sozialen Schichten vor und ist unabhängig von der regionalen oder ethnischen Herkunft der Opfer und Täter.[2] Eines seiner bedeutendsten Merkmale ist der enorme Geheimhaltungsdruck, der auf das Kind ausgeübt wird, was das Erkennen eines sexuellen Missbrauchs und in weiterer Folge das Anbieten geeigneter Hilfsangebote für Sozialarbeiter/innen schwierig macht.

Aus diesem Grund ist das Ziel dieser Arbeit, die Situation von Sozialarbeiter/innen der Jugendwohlfahrt in Bezug auf das Erkennen eines sexuellen Missbrauchs innerhalb der Familie und die Interventionsmöglichkeiten, die ihnen in weiterer Folge zur Verfügung stehen, aufzuzeigen. Hierzu wurden folgende Forschungsfragen formuliert:

1. Woran ist innerfamiliärer sexueller Missbrauch in der Familie für Sozialarbeiter/innen erkennbar?
2. Welche konkreten Interventionsmöglichkeiten ergeben sich daraus?

In weiterer Folge wurden folgende Annahmen im Rahmen dieser Arbeit diskutiert:

- Sozialarbeiter/innen der Jugendwohlfahrt können sexuellen Missbrauch in früher Kindheit kaum erkennen, da es keine spezifischen Anzeichen gibt, die einen solchen erkennen lassen.

- Interventionsmöglichkeiten gibt es genug, es scheitert an der Auswahl des geeigneten Hilfsangebots.

Die Bearbeitung der Forschungsfragen und die Überprüfung der oben genannten Hypothesen erfolgen anhand von qualitativer Literaturbearbeitung. Die Erörterung soll dazu dienen, Sozialarbeiter/innen für die Thematik „Sexueller Kindesmissbrauch“ zu sensibilisieren. Die Arbeit ist in fünf Kapitel unterteilt. Als Einführung in die Forschungsmaterie wird zunächst der Begriff „Sexueller Missbrauch“ definiert. Hierbei wird auf die unterschiedlichen Definitionskriterien hingewiesen. Das zweite Kapitel beschäftigt sich mit der Beschreibung der Herausforderungen, vor die die Jugendhilfe durch Kindeswohlgefährdung in früher Kindheit gestellt wird. Im dritten Kapitel wird auf den konkreten Auftrag der Jugendwohlfahrt bei Kindeswohlgefährdung durch sexuellen Missbrauch eingegangen.

Hierbei wird auch die Anzeigepflicht der Jugendwohlfahrt thematisiert. Das vierte Kapitel gibt einen Überblick über Arbeitsprinzipien, die Sozialarbeiter/innen befolgen sollten, wenn sie mit der Thematik „sexueller Missbrauch" konfrontiert werden. Im letzten Kapitel folgen die Bearbeitung der konkreten Forschungsfragen und die Überprüfung der oben erwähnten Hypothesen. Hierbei werden die Interventionsmöglichkeiten von Sozialarbeiter/innen der Jugendwohlfahrt bei Eingang einer Meldung, im Prozess der Verdachtsabklärung, im Konfrontationsprozess der Familie und bei der Hilfeplanung angeführt. Des Weiteren erfolgt eine Auseinandersetzung damit, woran innerfamiliärer sexueller Kindesmissbrauch für Sozialarbeiter/innen erkennbar ist. Es wird versucht, mögliche Signale und Symptome eines Missbrauchs in früher Kindheit am Kind selbst, aber auch am Täter zu beschreiben.

1. Sexueller Missbrauch

Bis heute gibt es keine allgemein gültige wissenschaftliche Definition von sexuellem Missbrauch. Das Fehlen einer einheitlichen Begriffsbestimmung wirkt sich nachteilig auf eine eindeutige Kommunikation aus, was in weiterer Folge Auswirkungen auf die daraus resultierende Intervention hat.[3]

Bei dem Versuch, eine geeignete Definition zu finden, greifen Autor/innen unterschiedliche Aspekte auf. Besonders häufig wird betont, dass es sich bei sexuellem Missbrauch um Handlungen gegen den Willen des Kindes handelt. Das Kind kann aufgrund seiner kognitiven und emotionalen Entwicklung der sexuellen Beziehung nicht wissentlich zustimmen, weshalb es auch nicht in der Lage ist, sich zu wehren.[4]
Ein weiteres Kriterium stellt das Macht- und Abhängigkeitsverhältnis dar. Der Täter nutzt seine Autorität und die Abhängigkeit des Kindes aus, um es gefügig zu machen. Die Anwendung von Gewalt oder Bedrohung ist dabei kaum nötig.[5] Einige Forscher setzen in ihrer Definition einen bestimmten Altersunterschied zwischen Opfer und Täter fest, um damit sicherzustellen, dass ein wissentliches Einverständnis der jüngeren Person aufgrund des Macht- und Wissensgefälles nicht möglich ist. Allerdings wird dabei sexueller Missbrauch durch Gleichaltrige und jüngere Kinder nicht erfasst. Manche Wissenschaftler/innen möchten sexuellen Missbrauch auf Handlungen mit Körperkontakt beschränken. Sie sind der Meinung, dass z.B. Exhibitionismus und Voyeurismus harmlos seien, da sie keine oder nur eine geringe Schädigung im Kind hervorrufen. Negative Folgen würden erst durch die übertriebenen Reaktionen der Umwelt entstehen.

Worüber sich Forscher einig sind, ist die Tatsache, dass ein Kind geschädigt wird. Aber auch für dieses Definitionskriterium gelten Einschränkungen, da nicht jeder sexuelle Missbrauch direkte Auswirkungen zeigt.[6]

Möchte man nun eine geeignete Definition für sexuellen Missbrauch entwickeln, merkt man schnell, dass es einer Zusammenfassung all dieser oben angeführten Kriterien bedarf. Dem kommt die Definition Deegeners sehr nahe:

„Zusammenfassend wird unter sexuellem Missbrauch von Kindern jede Handlung verstanden, die an oder vor einem Kind entweder gegen den Willen des Kindes vorgenommen wird oder der das Kind aufgrund seiner körperlichen, seelischen, geistigen oder sprachlichen Unterlegenheit nicht wissentlich zustimmen kann. Die Missbraucher nutzen ihre Macht- und Autoritätsposition aus, um ihre eigenen Bedürfnisse auf Kosten der Kinder zu befriedigen, die Kinder werden zu Sexualobjekten herabgewürdigt."[7]

2. Die frühe Kindheit als Herausforderung für die Jugendhilfe

Die frühe Kindheit stellt für die Jugendhilfe eine besondere Herausforderung dar, da es sich um eine Lebensphase handelt, in der zentrale Weichenstellungen (existentielle Entwicklungsschübe) für die Entwicklung des Kindes erfolgen. In den ersten fünf Lebensjahren ist die Gefahr der Vernachlässigung und Kindeswohlgefährdung am größten. Während des ersten Lebensjahres sterben mehr Kinder an den Folgen von Vernachlässigung und Misshandlung als in jedem späteren Alter. Der Übergang von dezenten Hinweisen hin zur akuten Gefährdung kann abrupt passieren.[8]
Es gibt keine andere Lebensphase, in der die Abhängigkeit von betreuenden und versorgenden Menschen so hoch ist wie in der frühen Kindheit. Wenn Eltern in dieser Phase die Bedürfnisse ihres Kindes nicht erkennen oder nicht angemessen interpretieren können, hat dies unmittelbare Folgen für das Kind. Säuglinge und Kleinkinder erleben diese Situationen quasi ungefiltert, ohne dass sie die Möglichkeit haben auszuweichen oder sie aus eigenen Ressourcen heraus zu kompensieren.
Reinhold Schone sieht die frühe Kindheit aufgrund des mangelnden Angebots für Eltern mit kleinen Kindern als einen blinden Fleck in der Jugendhilfe. Weder gibt es für Kinder unter drei Jahren ein geeignetes Betreuungssystem, noch sind konkrete Hilfs- und Unterstützungsmaßnahmen für Eltern mit kleinen Kindern in besonderer Weise verfügbar.[9]

3. Der Auftrag der Jugendwohlfahrt bei sexuellem Missbrauch

Der Auftrag der Jugendwohlfahrt ist im Jugendwohlfahrtsgesetz von 1989 und im Oö. Jugendwohlfahrtsgesetz von 1991 geregelt. Ihre zentrale Aufgabe ist es, das Wohl des Kindes sicherzustellen. Können Erziehungsberechtigte dies nicht gewährleisten (insbesondere bei Gewaltanwendung, Zufügung von körperlichem oder seelischem Leid), hat die Jugendwohlfahrt einzuschreiten. Eingriffe dürfen allerdings nur so weit erfolgen, als es das Wohl des Kindes erfordert.[10] Sexueller Missbrauch stellt definitiv eine solche Gefährdung des Kindeswohls dar. Der daraus resultierende Auftrag an die Jugendwohlfahrt lässt sich in folgende drei zentrale Aufgabenbereiche gliedern:[11]

- Sicherstellung des akuten und langfristigen Schutzes und Wohles des Kindes;
- Vermeidung weiterer traumatisierender Erlebnisse (Folgeschäden);
- Linderung bzw. Hilfestellung bei der Verarbeitung der Geschehnisse im Zusammenhang mit der Verarbeitung des sexuellen Missbrauchs für das gesamte Familiensystem.

Die Jugendwohlfahrt hat keinen Ermittlungsauftrag, weshalb es nicht ihre zentrale Aufgabe ist, der Schuldfrage („Hat der Missbrauch wirklich stattgefunden?“, „Wer ist der Täter?“) nachzugehen. Als sozialpädagogische Fachbehörde ist sie dem Kinderschutz verpflichtet und arbeitet hilfe- und familienorientiert. Tätig wird sie aufgrund ihrer eigenen fachlichen Einschätzung.[12]

Neben der Aufgabe, den Schutz des Kindes zu gewährleisten und sekundäre Traumatisierung zu vermeiden, soll die Jugendwohlfahrt sexuellem Missbrauch präventiv entgegentreten. Gewalthandlungen sollten frühzeitig erkannt und frühe Hilfen zur Verfügung gestellt werden. Akute Gefährdung und Schädigung von Kindern sind zu beenden und nachfolgend pädagogische Hilfen anzubieten. Bestimmte Teilbereiche kann die Jugendwohlfahrt zwar an freie Träger delegieren, sie bleibt aber nach wie vor aufgrund ihres Mandats gesamtverantwortlich.[13]

Das fachlich qualifizierte Vorgehen der Jugendwohlfahrt bei sexuellem Missbrauch ist im Spannungsfeld von Elternrechten vs. Kindeswohl vs. Kinderrechten, von Hilfe vs. Kontrolle angesiedelt und stellt deren Fachkräfte vor eine große Herausforderung. Die Jugendwohlfahrt hat die Aufgabe abzuwägen, wie groß das Ausmaß der Gefährdung ist, wann eingeschritten werden muss und welche Strategie bei der Vielfalt möglicher Fallkonstellationen im Einzelfall die richtige ist. Wird zu lange gezögert, kann dies zu schweren Gefährdungen und Schädigungen des betroffenen Kindes führen. Übereiltes Vorgehen wiederum kann fehlerhafte Einschätzungen und somit ein Scheitern der Hilfe nach sich ziehen. Beides kann für Mitarbeiter/innen der Jugendwohlfahrt strafrechtliche und/ oder zivilrechtliche Konsequenzen haben.[14]

In den letzten Jahrzehnten wurde die systemische Sichtweise immer mehr in die Arbeit der Jugendwohlfahrt integriert. Der systemische Ansatz findet allerdings nicht bei jedem Anklang. Einige Autoren kritisieren, dass diese Sichtweise für eine dem Opfer und der Tat angemessene Hilfeleistung untauglich sei, da sie sowohl die Täter als auch Strukturen, die Missbrauch fördern und ermöglichen, schütze. Bei sexuellem Missbrauch innerhalb der Familie könne es keine Unparteilichkeit oder Allparteilichkeit im Interesse der gesamten Familie geben. Nicht die Funktionsfähigkeit der Familie, sondern der Schutz und die Interessen des Kindes müssen im Mittelpunkt stehen; ansonsten verfehle die Jugendwohlfahrt ihr Wächteramt hinsichtlich Kinderschutz und Kindeswohl.[15]

Worüber sich die Autoren einig sind, ist, dass das Kindeswohl eindeutig vor das Elternrecht gestellt werden muss. Die bei innerfamiliärem sexuellem Missbrauch erforderlichen Hilfen sind an der Schutz- und Hilfsbedürftigkeit des Kindes auszurichten und nicht an den Vorstellungen und Wünschen der Eltern.[16]

Zur Anzeigepflicht

Sexualdelikte sind Offizialdelikte, was bedeutet, dass die Republik Österreich (vertreten durch die Staatsanwaltschaft) die Anklage erhebt. Erfährt eine Behörde von einem Sexualdelikt, muss sie dieses gemäß §84 StPO anzeigen, unabhängig davon, ob die Anzeige gewünscht wird. Diese Bestimmung würde auch für die Jugendwohlfahrt gelten, weshalb 1994 eine neue Bestimmung[17] in Kraft trat, die diese Anzeigepflicht einschränkt. Demnach ist eine Anzeigepflicht nicht mehr verpflichtend, wenn durch die Anzeige das Vertrauensverhältnis zum Opfer gefährdet würde und der Schutz des Kindes auch durch andere Maßnahmen gewährleistet werden kann. Dadurch bleibt Sozialarbeiter/innen der Jugendwohlfahrt genügend Zeit, um die notwendigen Handlungsschritte gründlich vorzubereiten.[18]

4. Arbeitsprinzipien bei sexuellem Missbrauch

Um als Sozialarbeiter/in der Jugendwohlfahrt angemessen auf sexuellen Missbrauch reagieren zu können, bedarf es folgender Grundhaltungen:

Flexibel sein

Da sich jeder Fall von innerfamiliärem sexuellem Missbrauch anders gestaltet, darf die vorgegebene Vorgangsweise das eigene Handeln nicht einschränken. Jeder Einzelfall erfordert erneut immer wieder die Suche nach Handlungsmöglichkeiten und Lösungen.[19]

Ruhe bewahren

Der Wunsch, sexuellen Missbrauch so schnell wie möglich beenden zu wollen, verleitet Fachkräfte oft zu vorschnellem und unbedachtem Handeln. Um die nächst möglichen Handlungsschritte zu planen, ist es deshalb wichtig, Ruhe zu bewahren, was aber nicht bedeutet, den Fall als unbedeutend zu betrachten und keine Interventionen zu setzen.[20]

Hypothesen überprüfen

In jeder Phase der Intervention sollen Hypothesen gebildet, aber mit gleicher Sorgfalt wieder fallen gelassen werden, sollte sich eine dieser Hypothesen als falsch herausstellen. Dies gilt vor allem bei Verdacht auf sexuellen Missbrauch.[21]

Dem betroffenen Kind glauben

Als Sozialarbeiter/in sollte man davon ausgehen, dass ein Kind, das von sexuellen Übergriffen berichtet, einem die Wahrheit erzählt.

Dem Kind Glauben zu schenken und das Gesagte nicht in Frage zu stellen, ist wichtig, auch wenn es sein kann, dass das Kind Details verdrängt hat oder seine Wahrnehmung durch ein Trauma verzerrt ist, so dass sich Widersprüche in der Aussage ergeben. Ist dies der Fall, sollte es als Folge sexueller Übergriffe und nicht als phantasierte Erzählung des Kindes gesehen werden.[22] Friedrich macht darauf aufmerksam, dass nur drei bis fünf Prozent aller Aussagen von Kindern und Jugendlichen bewusst falsche Beschuldigungen enthalten. Die weitaus überwiegende Mehrheit der Opfer sagt klar die Wahrheit.[23]

Die Bindung des Opfers an den Täter akzeptieren

Vor allem im innerfamiliären Bereich zeigt sich, dass Täter nicht nur Gewalt ausüben, sondern die Opfer durch die Befriedigung von Bedürfnissen nach Aufmerksamkeit, Liebe und Zuwendung gleichzeitig an sich binden. Im Opfer entsteht dadurch eine Ambivalenz: Einerseits ist der Täter der liebevolle Vater, zu dem Kontakt gesucht wird, andererseits das „Ungeheuer“, das sich an ihm sexuell vergreift. Diese positiven Gefühle des Kindes dem Täter gegenüber zu akzeptieren ist notwendig, denn nur so fühlt sich das Opfer ernst genommen.[24]

Für das Opfer Partei ergreifen

Aus dem Auftrag der Jugendwohlfahrt, das Wohl des Kindes sicherzustellen, leitet sich das Prinzip ab, als Sozialarbeiter/in der Jugendwohlfahrt Partei für das betroffene Kind zu ergreifen. Dies bedeutet, den sexuellen Missbrauch aus der Sicht des Opfers zu betrachten und es mit seinen Gefühlen und Empfindungen ernst zu nehmen. Das Kind muss spüren, dass ihm geglaubt wird und von Seiten der Jugendwohlfahrt geholfen werden kann.[25]

Das Kind nicht nur als Opfer sehen

Aus der oben angeführten Parteilichkeit ergibt sich auch, dass das Opfer in seiner Ganzheitlichkeit als Person wahrgenommen werden muss und nicht auf das Erleben des sexuellen Missbrauchs reduziert wird. Es ist erforderlich, den Blick nicht nur auf die Opferrolle zu richten; nur so können die Stärken und Ressourcen des Kindes erkannt werden, was für die weitere Hilfeplanung erforderlich ist.[26]

Die Wünsche des Kindes beachten

Grundsätzlich sollte die geplante Vorgehensweise mit dem Kind besprochen werden, da man dabei einen Eindruck über seine Vorstellungen, Erwartungen, aber auch seine Widerstände erhält. Den Wunsch des Kindes zu beachten bedeutet freilich nicht, dass das Kind mit allen Interventionen einverstanden sein muss (z.B. mit der Herausnahme aus der Familie). Die Sichtweise des Kindes sollte aber in die Entscheidung einfließen.[27]

Das Opfer schützen

Der Opferschutz muss immer oberste Priorität haben. Wurde der sexuelle Missbrauch eines Kindes innerhalb der Familie offengelegt, muss sichergestellt werden, dass das Kind keinen weiteren gewalttätigen Übergriffen ausgesetzt wird.[28] Dies kann nur durch eine räumliche Trennung des Opfers vom Täter gewährleistet werden. Ziel sollte sein, dass der Täter die gemeinsame Wohnung verlässt, um neben dem bereits betroffenen Kind auch dessen Geschwister zu schützen und sie in ihrer gewohnten Umgebung zu lassen. Tritt der Fall ein, dass sich die Mutter nicht auf die Seite des Kindes stellt und für eine Trennung vom Täter nicht bereit ist, ist eine Unterbringung des Kindes bzw. der Kinder außerhalb der Familie (z.B. in Einrichtungen der Jugendhilfe) erforderlich.[29]

Die Mutter stärken

Nach der Aufdeckung eines sexuellen Missbrauchs stehen Mütter zwischen dem Täter als dem „geliebten Partner“ und dem Opfer, dem „geliebten Kind“. Meist wurde im Vorfeld vom Täter das Vertrauensverhältnis zwischen Mutter und Kind zerstört, wodurch es betroffenen Müttern oft noch schwerer fällt, ihrem Kind den Missbrauch zu glauben. Für die Planung der Handlungsschritte ist es deshalb erforderlich, neben der Hilfe für das Kind auch an Unterstützung für die Mutter zu denken.[30]

5. Interventionsmöglichkeiten für Sozialarbeiter/innen der Jugendwohlfahrt

Da jeder „Fall“ unterschiedlich ist, verläuft der Weg vom Verdacht zur Intervention jedes Mal anders. Die jeweiligen Fakten und Bedingungen müssen von Fachkräften der Jugendwohlfahrt einzeln analysiert und die Hilfs- und Interventionsmöglichkeiten überprüft werden. Das folgende Kapitel soll einen Einblick in die Möglichkeiten der Jugendwohlfahrt geben, bei sexuellem Missbrauch zu intervenieren.[31]

5.1 Der Eingang einer Meldung

Die Jugendwohlfahrt zählt als zentrale Meldestelle für sexuellen Missbrauch an Minderjährigen. Der Auftrag, das Wohl des Kindes zu sichern, ist für sie allerdings nur dann erfüllbar, wenn wahrgenommene oder festgestellte Gefährdungen auch gemeldet werden. Aus diesem Grund sind gemäß §37 des Jugendwohlfahrtsgesetzes (JWG) 1989 bestimmte Berufsgruppen gesetzlich dazu verpflichtet, in bestimmten Verdachtsmomenten Meldung zu erstatten.

§37 Abs. 1 JWG 1989 regelt, dass alle Behörden, besonders Schul- und Sicherheitsbehörden, dem Jugendwohlfahrtsträger alle ihnen bekannt gewordenen Tatsachen mitzuteilen haben, die zur Abwehr einer konkreten Gefährdung eines bestimmten Kindes erforderlich sind.

Abs. 2 JWG 1989 fügt in der Begutachtung, Betreuung und Behandlung Minderjähriger tätige Angehörige eines medizinischen Gesundheitsberufes hinzu, die jeglichen Verdacht der Misshandlung, des Quälens, Vernachlässigens oder des sexuellen Missbrauchs von Minderjährigen zu melden haben, sofern dies zur Verhinderung einer weiteren erheblichen Gefährdung des Kindeswohls erforderlich ist. Hierunter fallen auch alle in der Jugendwohlfahrt tätige (z.B. Sozialarbeiter/innen, Therapeut/innen) und beauftragte Personen (z.B. Tagesmütter und -väter), selbst wenn sie aufgrund berufsrechtlicher Vorschriften zur Verschwiegenheit verpflichtet sind. In allen anderen Fällen, in denen eine Gefährdung droht oder bereits eingetreten ist und eine Mitteilung der Abwendung einer Gefährdung dienen könnte, sieht Abs. 3 JWG 1989 für alle anderen Berufsgruppen ein Recht vor, sich an die Jugendwohlfahrt zu wenden.

Erhält die Jugendwohlfahrt eine Meldung über eine mögliche Kindeswohlgefährdung, so hat sie grundsätzlich sofort zu reagieren. Jede Mitteilung muss gleich zu Beginn schriftlich aufgenommen werden, da sie zum Anlass für die weitere Aufklärung genommen wird. Meldungen können mündlich, schriftlich, telefonisch und auch elektronisch, sowohl von Einzelpersonen (unter Bekanntgabe des Namens oder anonym) als auch von Institutionen gemacht werden. Die Art und Weise ist für die weitere Vorgehensweise unerheblich. Auch anonyme Meldungen müssen ernst genommen werden, da der/ die Melder/in gute Gründe für seinen/ ihren Wunsch haben kann, nicht namentlich bekannt zu werden (z.B. Angst vor Bedrohung oder Angst vor Verschlechterung des Verhältnisses zur gemeldeten Familie).[32]

Ein Kind zeigt in der Regel Signale oder mehr oder weniger versteckte Andeutungen eines sexuellen Missbrauchs grundsätzlich nicht gegenüber Sozialarbeiter/innen der Jugendwohlfahrt, sondern gegenüber einer Person, die es gut kennt und zu der es ein gewisses Maß an Vertrauen hat. Dies kann neben einem/ einer Lehrer/in oder einem/ einer Erzieher/in im Kindergarten auch ein/e Freund/in sein, der/ die in weiterer Folge Meldung bei der Jugendwohlfahrt erstattet. Diese Person nimmt eine wichtige Rolle ein, da sie das Bindeglied zwischen dem betroffenen Kind und dem/ der Sozialarbeiter/in darstellt.[33]

Es kann auch vorkommen, dass der Verdacht auf sexuellen Missbrauch nicht von Melder/innen kommt, sondern erst im Laufe einer Beratung oder Begleitung der Familie durch die Jugendwohlfahrt entsteht. Der Grund für die Kontaktaufnahme mit der Familie bzw. eine bereits erfolgte Intervention durch die Jugendwohlfahrt mag im Vorfeld ein ganz anderer gewesen sein (z.B. Verhaltensauffälligkeit eines Kindes).[34]

5.2 Der Prozess der Verdachtsabklärung

Besteht über den sexuellen Missbrauch noch Zweifel, muss zuvor eine Verdachtsabklärung erfolgen. Erst ab dem Zeitpunkt, an dem nachweislich feststeht, dass ein Kind sexuell missbraucht wird, beginnt die Intervention.[35]

Verdacht zu schöpfen bedeutet, sexuellen Missbrauch als Möglichkeit zumindest nicht auszuschließen. Schöpft jemand einen solchen Verdacht, so merkt derjenige etwas, das möglicherweise schon jahrelang geschieht. Das Kind lebt vermutlich schon lange in dieser belastenden Situation und hat zu überleben gelernt. Für die Verdachtsabklärung bedeutet dies, mit Ruhe und Behutsamkeit an den Fall heranzugehen, um dadurch größere Klarheit zu erhalten. Ziel sollte es sein, den Missbrauch durch gründliche Vorbereitung nachhaltig zu beenden.[36]

5.2.1 Zum persönlichen Umgang Professioneller mit der Problematik

Der persönliche Umgang Professioneller mit einem eventuell vorliegenden sexuellen Missbrauch spielt in der Phase der Verdachtserhärtung bis hin zu einer möglichen Aufdeckung eine wichtige Rolle. Das Vorgehen in dieser Phase entscheidet häufig über weitere Handlungsmöglichkeiten und über den Verlauf der Intervention. Eine der wichtigsten Bedingungen, die Signale und Symptome eines se-

xuell missbrauchten Kindes wahrzunehmen, ist die inhaltliche Auseinandersetzung mit der Problematik.[37] Sind Professionelle einmal für die Problematik sensibilisiert, wird sexueller Missbrauch häufiger in Erwägung gezogen.
„Vor zwei Jahren hatte ich nach fünfjähriger Tätigkeit als Bezirkssozialarbeiterin noch keinen einzigen Fall; in den letzten beiden Jahren nahm ich sieben Mal sexuellen Missbrauch in meinem Bezirk wahr, in mehr als zehn Fällen habe ich KollegInnen beraten und unterstützt.“[38]

Um eine Situation angemessen zu beurteilen und richtig handeln zu können, ist die fachliche Kompetenz des/der Professionellen, der/die mit Hinweisen auf sexuellen Missbrauch zuerst konfrontiert wird, für das weitere Vorgehen ausschlaggebend. Dazu gehört neben Fachwissen über sexuelle Gewalt auch, sich über seine eigenen Gefühle, die mit dem Erfahren eines sexuellen Missbrauchs einhergehen (wie z.B. Angst, Verunsicherung, Fassungslosigkeit, Hilflosigkeit), bewusst zu werden und damit umgehen zu lernen.[39]

Außerdem kann es hilfreich sein, sich Unterstützung im Team zu holen, um sich einerseits seiner eigenen Kompetenz wieder bewusst zu werden, andererseits aber auch, um die weitere Vorgehensweise zu besprechen. Durch Teamarbeit können nicht nur die eigenen Wahrnehmungen und eventuelle Unsicherheiten besprochen, sondern in weiterer Folge auch die Verantwortung einer Intervention auf mehreren Schultern getragen werden.[40]

Während die einen Autoren mehr Sensibilisierung von Fachkräften für sexuellen Missbrauch fordern, macht Friedrich in seinem Buch „Tatort Kinderseele“ auf die Übersensibilisierung vieler Fachkräfte aufmerksam. Demnach wird aufgrund einzelner Verhaltensweisen des Kindes oft zu rasch auf sexuellen Missbrauch geschlossen. Medienrummel bricht los und Verdächtigungen ziehen ihre Kreise.

Selbstverständlich muss jeglichem Hinweis auf sexuelle Kindesmisshandlung nachgegangen werden; doch sollte nicht vergessen werden, die jeweilige Entwicklungsstufe des Kindes mit einzubeziehen. Das Kind kann manches vielleicht überzeichnet darstellen oder der Situation in seiner Phantasie einen anderen Stellenwert geben, als es in der Realität der Fall ist.[41]

5.2.2 Bedeutung multiprofessioneller Zusammenarbeit

Worüber sich die Fachliteratur einig ist, ist, dass niemand in Fällen von sexuellem Missbrauch allein Hilfestellung geben kann. Für einen langfristig wirksamen Kindesschutz bedarf es von der Phase der Verdachtserhärtung bis hin zur Aufdeckung und Therapie sexuellen Missbrauchs der Kooperation einzelner Helfer/innen und Institutionen (Jugendwohlfahrt, Familiengerichte, Polizei, Kinderschutzzentren, Kliniken und Ärzte, Schulen, Kindergärten, Heimeinrichtungen, Therapeut/innen).[42]

Erhärtet sich nun der Verdacht auf sexuellen Kindesmissbrauch, ist die interdisziplinäre Zusammenarbeit aller mit der Familie professionell befasster Personen ratsam, um die weitere Vorgehensweise zum Schutz des Kindes zu besprechen. Bei diesen Helferkonferenzen ist es wichtig, die Zuständigkeiten und Aufgaben jeder einzelnen Profession zu klären und gemeinsam das Konfrontationsgespräch sowie Beratungs- und Therapieangebote zu planen. Da der sexuelle Missbrauch meist nur vermutet wird, sollte gleichzeitig überlegt werden, welche anderen Probleme (wenn nicht sexueller Missbrauch) den Signalen des Kindes zu Grunde liegen könnten.[43]

5.2.3 Signale und Symptome sexuellen Missbrauchs in früher Kindheit

„Die Signale, mit denen sich ein Kind mitzuteilen versucht, sind so spezifisch wie das Kind selbst.“[44]

Sexueller Missbrauch an Kindern kann nur eindeutig nachgewiesen werden, wenn das Kind über seine Geschehnisse aussagt. Bei Kleinkindern ist dies sehr unwahrscheinlich, weshalb Fachkräfte der Jugendwohlfahrt gefordert sind, Signale und Symptome sexuellen Missbrauchs zu erkennen und richtig zu interpretieren. Diese Aufgabe stellt sich als schwieriges Unterfangen heraus, denn während Kindesmisshandlung sichtbare Verletzungen wie z.B. Hämatome, Frakturen oder Verbrennungen am Körper des Kindes hinterlässt, fehlen diese eindeutigen Hinweise bei sexuellen Gewalttaten an Kindern.[45] Im folgenden Kapitel wird versucht, trotz dieser Tatsache mögliche Anhaltspunkte anzuführen, die Hinweise auf sexuellen Kindesmissbrauch geben können.

5.2.3.1 Die Unbestimmtheit der Signale und Symptome

Sexueller Missbrauch kann nie an eindeutigen Signalen oder Zeichen festgemacht werden, weshalb ein bestehender oder erfolgter sexueller Missbrauch oft nur an nonverbalen Signalen und Botschaften des Kindes erkennbar wird.[46] Dadurch, dass das betroffene Kind vom Täter sowohl physisch als auch psychisch in Besitz genommen und kontrolliert wird, kann es, um die vom ihm geforderte Geheimhaltung zu wahren, verschiedenste Verhaltensauffälligkeiten entwickeln, um die erlebte Situation aushalten zu können.[47] Dies geschieht anfangs durch unspezifische Signale, die sich im Laufe der Zeit zu Symptomen entwickeln können.[48]

Bei sexuellem Missbrauch gibt es, wie Fegert es ausdrückt, kein „sexual abuse syndrome“, kein missbrauchsspezifisches Symptom. Es können nahezu alle Verhaltensauffälligkeiten und Symptome die Folge sexueller Gewalthandlungen sein, müssen es aber nicht. Selbst wenn mehrere Symptome gleichzeitig auftreten, kann nicht automatisch davon ausgegangen werden, dass ein sexueller Missbrauch vorliegt. Laut Trube-Becker lassen lediglich körperliche Verletzungen wie z.B. Verletzungen im Anal- und Genitalbereich oder Geschlechtskrankheiten darauf schließen.[49]

Diese unspezifischen Symptome stellen die Fachkräfte der Jugendwohlfahrt vor eine schwierige Aufgabe. Neben dem richtigen Erkennen der „Hilfe-Signale“ des Opfers müssen sie die daraus resultierenden Symptome richtig einschätzen, was sich als schmale Gratwanderung zwischen dem Übersehen eines tatsächlich vorhandenen Missbrauchs einerseits und der Unterstellung eines in Wirklichkeit nicht erfolgten Missbrauchs andererseits herausstellt.[50]

Um Symptome nicht vorschnell und leichtfertig aufgrund bestimmter Signale des Kindes zu bewerten, ist es – neben der Erfassung der Symptome und Verhaltensauffälligkeiten – erforderlich, ausführliche Erhebungen zur Entwicklung und Vorgeschichte des Kindes, der familiären Beziehungen sowie der Persönlichkeiten der Familienmitglieder durchzuführen und diese differenziert zu beurteilen.[51] Weber und Rohleder sind der Meinung, dass es notwendig ist,

… neben der grundlegenden Erfahrung sexueller Gewalt auch die individuelle Persönlichkeit und die Lebensumstände der Betroffenen zur Erklärung der Auswirkungen sexueller Gewalt hinzuzuziehen, denn erst wenn die Traumatisierung als ein Prozess verstanden wird, der in den gesamten Lebenslauf eines Menschen eingebettet ist, werde es möglich, der individuellen Verschiedenartigkeit der Folgewirkungen sexuellen Missbrauchs gerecht zu werden.[52]

Da auch andere psychisch belastende Erfahrungen ähnliche bzw. gleiche Symptome auslösen können, sollte mit der Unterstellung eines sexuellen Missbrauchs nicht vorschnell und leichtfertig umgegangen werden. Er sollte „lediglich“ als Erklärungsversuch mit in Betracht gezogen werden.[53]

Eine Möglichkeit für Fachkräfte der Jugendwohlfahrt, sexuellen Kindesmissbrauch besser einschätzen zu können, bieten so genannte Symptomlisten. Die Anführung verdeckter Signale der Kinder würde laut deren Autor/innen eindeutig einen Verdacht begründen, erhärten oder beweisen. Inzwischen gibt es eine große Anzahl solcher Veröffentlichungen, die sich inhaltlich im Hinblick auf körperlich, psychosomatisch und psychisch beobachtbare Folgen nur wenig unterscheiden. Sexualisiertes Verhalten (z.B. sexualisierte Sprache, exzessives Herzeigen und Berühren der eigenen Genitalien, übermäßiges Integrieren sexueller Elemente im Spiel etc.) als Indikator für sexuellen Missbrauch scheint dabei besonders relevant zu sein.[54] Bange warnt jedoch davor, voreilige Schlüsse aus sexualisiertem Verhalten zu ziehen, da nicht alle sexuell missbrauchten Kinder dieses Verhalten zeigen und es auch bei nicht missbrauchten Kindern beobachtet werde. Den Begriff „altersunangemessenes Sexualverhalten" präzise zu definieren sei aus seiner Sicht schwierig.[55]

Zusammenfassend sollte man im Umgang mit derartigen Symptomlisten, ganz gleich welchen Umfangs, vorsichtig sein, da sie auch bei Vorhandensein vieler angeführter Symptome kein sicherer Indikator für die Existenz eines sexuellen Kindesmissbrauchs sind.[56]

Kinder ohne Symptome

Darüber, ob sexuell missbrauchte Kinder immer eine Symptomatik zeigen, herrscht Uneinigkeit unter den Autor/innen. Während die einen der Meinung sind, es gäbe keine Kinder ohne erkennbare Folgen des Missbrauchs, erklären andere dies dadurch, dass die Symptome bei Kindern nur noch nicht ausgebildet seien, da es bei diesen noch kein Bewusstsein für das Unrecht der Tat gäbe.[57] Ramin setzt dem entgegen, dass es für kein Opfer einen folgenlosen Missbrauch gibt, auch wenn nicht jedes Opfer in dem Sinne erkrankt, dass es professionelle Hilfe benötigt.[58]
Fest steht, dass Kinder, die die gleichen oder ähnliche Erfahrungen durch sexuellen Missbrauch gemacht haben, nicht automatisch Symptome gleichen Schweregrades aufweisen müssen. Manche Kinder können die Situation besser bewältigen und scheinen einer Traumatisierung resilient, das heißt psychisch widerstandsfähig, zu sein.[59]

5.2.3.2 Unterteilung der Symptomatik

Körperliche Anzeichen

Sichtbare Verletzungen treten bei sexuellen Gewalttaten im Gegensatz zu Kindesmisshandlung nur selten auf. Da sexueller Missbrauch aber oft mit schwerer körperlicher Misshandlung zusammenhängt, wäre eine Beschränkung auf psychische und seelische Folgen eines sexuellen Missbrauchs in diesem Kapitel nicht ausreichend. Bange und Deegener weisen auf eine Expertise hin, aus der hervorgeht, dass bis zu zwei Drittel der Kinder, bei denen Verdacht auf sexuellen Missbrauch bestand, keinerlei körperliche Anzeichen aufwiesen, die im direkten Zusammenhang mit der Tat standen. Und auch Fegert verweist auf eine Untersuchung aus dem Jahr 1989, in der es bei ungefähr 30 Prozent der betroffenen Kinder überhaupt keine medizinischen Auffälligkeiten gab. Daraus aber zu schließen, dass in diesen Fällen daher kein sexueller Missbrauch stattfand, ist unzulässig.[60]

Zu den physischen Verletzungen, die ein Indiz für sexuellen Missbrauch an Klein- und Vorschulkindern sein können, gehören in erster Linie Verletzungen im Genital- und Analbereich. Auffällig sind in diesem Zusammenhang Blutergüsse, Hauteinrisse, Ausdehnungen und Biss- und Schürfwunden an der Innenseite der Oberschenkel und im Genitalbereich. Des Weiteren können auch Blutungen im Anal- und Genitalbereich sowie eingeführte Fremdkörper in eine der beiden Körperöffnungen auf einen möglichen sexuellen Übergriff hindeuten.[61]

Ein weiteres mögliches Indiz können ständige Harnweginfektionen und Geschlechtskrankheiten beim Opfer sein. Darunter fällt neben diversen Arten von Pilzerkrankungen, Herpes und Gonorrhoe/ Tripper auch AIDS. Bei Säuglingen und Kleinkindern gilt hier allerdings abzuklären, ob nicht schon eine pränatale Infektion vorlag.[62]

Aufgrund der Tatsache, dass körperliche Befunde nur allzu selten eindeutig auf einen sexuellen Übergriff hinweisen, können sie somit nur erste Verdachtsmomente begründen. Fachkräfte der Jugendwohlfahrt können dadurch aber keine Sicherheit für das tatsächliche Vorliegen eines sexuellen Missbrauchs erhalten, weshalb vor voreiligen Schlussfolgerungen, die aus einzelnen „Indizien", wie z.B. aus Verletzungen im genitalen, analen und oralen Bereich, abgeleitet werden, gewarnt wird.[63]

Psychosomatische Symptome

Um die Erlebnisse des Missbrauchs ertragen zu können, reagieren viele Opfer mit psychosomatischen Erkrankungen auf das Erlebte. Im Kleinkind- und Vorschulalter zählen vor allem unspezifische Bauch- und Kopfschmerzen, häufige Fieberanfälle, Hautkrankheiten und Schlafstörungen zu den typischen psychosomatischen Beschwerden.[64]

Auch Sprachstörungen und Legasthenie, Einnässen, Einkoten, Ausfluss (gegebenenfalls auch Blutungen), Lähmungserscheinungen und Erkrankungen, die mit Atemnot und Erstickungsangst einhergehen, wie z.B. Asthma, können die psychosomatische Folge eines sexuellen Missbrauchs sein.[65]

Emotionale Störungen und Verhaltensauffälligkeiten

Während bei Kindern ab dem Grundschulalter bereits spezifische psychische Symptome auftreten, die Anzeichen eines sexuellen Übergriffes sein können, reagieren Kinder im Alter von 0-3 Jahren eher ganzheitlich auf das Erlebte. Neben allgemeiner Angst, Verwirrung, Verstörtheit, motorischer Unruhe und Ein- und Durchschlafstörungen können damit verbundene Ess- und Wachstumsstörungen auftreten. Auch ein übertriebenes „Fremdeln" oder, umgekehrt, eine ungewöhnliche Distanzlosigkeit können auf sexuellen Missbrauch hindeuten. Bereits in diesem Alter kann das Kind ein nicht angemessenes sexuelles Spielverhalten aufweisen.[66] Harnach fügt hinzu, dass bei Kleinkindern plötzliche Furcht beim Baden, Anziehen oder Wickeln und die Angst, auf die Toilette zu gehen, Anzeichen sein können. Auch eine plötzlich auftretende intensive Furcht vor einer zuvor vertrauten Person oder das Schlafen in voller Bekleidung können Hinweise sein.[67]

Bei Kindern im Vorschulalter (drei bis sechs Jahre) können durch sexuelle Missbrauchserfahrungen Entwicklungsverzögerungen und regressives Verhalten auftreten. Dieser Rückfall auf eine frühere, eigentlich bereits überwundene Entwicklungsstufe wird nicht nur im Hinblick auf die Reinlichkeitserziehung, sondern auch in der Sprache und im Spielverhalten deutlich: Einnässen, die erneute Verwendung der Babysprache, Daumenlutschen, aber auch das verstärkte Bedürfnis, umsorgt zu werden (z.B. durch vermehrtes Klammern an eine Bezugsperson), sind dabei keine Seltenheit. Zu weiteren möglichen Indizien zählen neben häufigem altersunangemessenem Spielen auch öffentliche und andauernde Selbstbefriedigung und Alpträume, die Schlafstörungen zur Folge haben können.[68] Bei Kindern im Vorschulalter können sich auch unerklärte depressive Störungen sowie Selbstzerstörungstendenzen und Suizidversuche zeigen.[69]

Trauma

Das Trauma wird von vielen Autoren als das noch am eindeutigsten auf einen Missbrauch hinweisende Symptom beschrieben. Unter Trauma wird die Reaktion auf eine seelische Verletzung verstanden, die plötzlich, unerwartet und mit einer ungeheuren Intensität in den Organismus eines Menschen tritt und ihn überflutet.[70]

Neben der Traumatisierung selbst umfasst das Trauma Phänomene, die zu einem späteren Zeitpunkt, in Anknüpfung an das Trauma, stattfinden.[71] Dabei wird zwischen primärer und sekundärer Traumatisierung unterschieden. Unter primär fallen all jene Faktoren, die sich direkt aus der Tat des sexuellen Missbrauchs ableiten lassen. Wie stark der Grad einer Traumatisierung ist, hängt von der Dauer und Häufigkeit des sexuellen Missbrauchs, der Beziehung zwischen Täter und Opfer, Alter und Geschlecht des Opfers bzw. des Täters, dessen Gewalteinwirkung und der „Intensität" des sexuellen Missbrauchs ab.[72] Letztere wird von einigen Autoren in Frage gestellt, da ihrer Meinung nach der Schweregrad eines sexuellen Missbrauchs nicht zwangsläufig etwas über den Grad der Traumatisierung des Kindes aussagt.[73] In Bezug auf das Alter sehen manche Forscher bei Missbrauch an Kindern in sehr jungen Jahren einen größeren Schaden aufgrund ihrer Verletzlichkeit. Andere meinen, die Unbekümmertheit von Kleinkindern schütze diese.[74]

Sekundäre Traumatisierungsfaktoren ergeben sich aus dem gesellschaftlichen Umgang mit sexuellem Missbrauch. Dabei spielen vor allem die Reaktionen von Eltern, Freunden, Bezugspersonen und Institutionen, wie z.B. der Jugendwohlfahrt, eine große Rolle. Beide der oben angeführten Ebenen greifen ineinander und bestimmen im Zusammenhang mit vielen anderen Faktoren den Grad der Folgen des sexuellen Missbrauchs im Leben des Opfers.[75]

Für Sozialarbeiter/innen der Jugendwohlfahrt bedeutet dies, dass sie während des Aufdeckungsprozesses eines sexuellen Missbrauchs bewusst oder unbewusst durch unqualifiziertes Verhalten eine zweite Traumatisierung des Kindes auslösen können. Mit einem solchen unqualifizierten Verhalten ist unter anderem das Zeigen einer bestimmten Haltung oder von Verhaltensweisen, welche den Strategien des Täters in der Missbrauchssituation gleichen oder ähneln, gemeint. Übt der Täter beispielsweise Macht und Kontrolle über das Kind aus, so entsteht im Kind ein Gefühl der Ohnmacht und des Kontrollverlusts. Wiederholen Professionelle nun die entsprechenden Verhaltensweisen des Täters, so verfestigen sich die bereits im Vorfeld entstandenen Schädigungen im Kind.[76]

5.2.3.3 Signale des Täters

Während in der Fachliteratur in umfangreichen Listen Folgeverhalten und Symptome der Opfer angeführt werden, existieren kaum Berichte über typische Hinweise oder Verhaltensweisen der Täter. Diese von Enders bezeichnete Berührungsangst gegenüber Tätern hat eine einseitige Fixierung auf das Opfer zur Folge. Dem Kind wird die einseitige Beweislast auferlegt, anstatt auf offensichtliche Hinweise des Täters zu achten und diese zu benennen.[77] Dabei ist in der Praxis bekannt, dass sich Täter in erster Linie durch ihr Verhalten verraten.

All zu oft sagen Dritte im Nachhinein, dass ein Täter schon so komisch mit dem Kind umgegangen sei, sich aber niemand etwas gedacht habe. Andere Väter geben bzw. verlangen in aller Öffentlichkeit Zungenküsse von ihren Töchtern mit der Begründung „Ich darf und muss doch meine Tochter zur Liebesfähigkeit erziehen!". Wieder andere machen ihrem Opfer unangemessene Geschenke, wie z.B. Miniröcke, Reizwäsche, Parfüms etc., oder schreiben ihm Briefe. Täter fühlen sich im Recht mit dem, was sie tun. Argumente wie „Meine Tochter gehört mir ... Ich kann mit meiner Tochter machen, was ich möchte!" sind keine Seltenheit.[78]

Hier gilt allerdings dasselbe wie für die Signale und Symptome bei Kindern. Ein solches Verhalten kann, muss aber nicht zwangsläufig auf einen sexuellen Missbrauch hinweisen.

5.2.4 Vorgehensweise bei vagem Verdacht

„Es ist ein qualitativ großer Unterschied, einen vagen Verdacht aufgrund von Signalen und Symptomen zu haben oder den sexuellen Missbrauch eines Kindes durch ein Gespräch aufzudecken."[79]

Steht der Verdacht auf Missbrauch im Raum und scheint das betroffene Kind keiner unmittelbaren Gefahr ausgesetzt, ist es für Fachkräfte der Jugendwohlfahrt notwendig zu klären, inwieweit sich der Verdacht bewahrheitet. Gerade wenn es keine konkreten und eindeutigen Äußerungen gibt, die auf einen sexuellen Missbrauch hinweisen, sind Sozialarbeiter/innen oft hin- und hergerissen zwischen der Möglichkeit, dass sexuelle Misshandlung vorliegt, und jener, dass das Wahrgenommene auch andere Ursachen haben könnte.[80]

Zur Klärung des Verdachts kann als erster Schritt ein persönliches Gespräch mit dem/ der Melder/in hilfreich sein, um abzuklären, aus welchen Gründen die Meldung erfolgt ist, wie glaubhaft die erhaltenen Informationen sind, welche Erwartungen und Ziele der/ die Melder/in hat und ob er/ sie kooperationsbereit ist. Des Weiteren sollte im Gespräch geklärt werden, ob und, wenn ja, welche Interventionen der/ die Melder/in bereits unternommen hat.[81]

Als weiterer Schritt sollte mit der betroffenen Familie Kontakt aufgenommen werden. Über die Frage, wann die Familie mit dem Verdacht konfrontiert werden soll, ist sich die Fachliteratur nicht einig. Einige Autoren, wie z.B. Gründer, vertreten die Auffassung, dass bei der Kontaktaufnahme mit der Familie der Verdacht auf keinen Fall direkt geäußert werden sollte, da mit der Konfrontation der Eltern der Geheimhaltungsdruck im Familiensystem verstärkt werden könnte, was dazu führt, dass das Kind möglicherweise nicht geschützt werden kann und es in der Regel aufgrund des Stillschweigens noch jahrelang weiteren sexuellen Missbrauchshandlungen ausgesetzt ist. Einen weiteren Grund stellt die oft vorhandene Co-Abhängigkeit zwischen Täter und Mutter dar. Wird die Mutter in der Anfangsphase mit dem Verdacht konfrontiert, kann nicht immer erwartet werden, dass sie ihr Kind schützen kann, was in der Intervention aber Ziel sein sollte. Das Problem der Geheimhaltung und Abhängigkeit macht deutlich, dass bei innerfamiliärem sexuellem Missbrauch ein methodisches Vorgehen unter Einbezug der Eltern nicht nur nicht möglich ist, sondern geradezu misshandlungsfördernd wäre. Bis es zur Erhärtung des Verdachts kommt, sollte daher ohne Information und Einbezug der Eltern, aber mit Unterstützung anderer Professioneller auf weitere Symptome, Signale und/ oder verbale Äußerungen des Kindes geachtet werden. Das Sammeln weiterer Hinweise sollte letztendlich zur Erhärtung des Verdachts oder zu dessen Ausschließung führen.[82]

Andere Autoren wiederum halten es für sinnvoll, den Verdacht möglichst bald anzusprechen, da von einem ungeklärten Verdacht auszugehen und die Mitwirkung der Eltern wichtige Voraussetzungen für das Gelingen des Hilfeprozesses seien. Die Familienmitglieder könnten dabei helfen, Alternativhypothesen aufzustellen und andere Belastungsfaktoren zu berücksichtigen bzw. einzubeziehen.[83]

Hier muss im Einzelfall entschieden werden, zu welchem Zeitpunkt die Eltern mit dem Verdacht konfrontiert werden.[84] Eine mögliche Lösung wäre, die Mutter für die Problematik sexuellen Missbrauchs zu sensibilisieren, ohne einen sexuellen Missbrauch ihres Kindes anzudeuten.[85]

Neben einem Gespräch mit dem/ der Melder/in kann zur Verdachtsabklärung ein Hausbesuch bei der betroffenen Familie sinnvoll sein. Da es keine eindeutigen Signale und Symptome gibt, die Sozialarbeiter/innen der Jugendwohlfahrt erkennen lassen, dass ein sexueller Missbrauch vorliegt, ist dabei ein ganzheitlicher Blick erforderlich. Neben dem genauen Ansehen des Kindes auf Zeichen von Vernachlässigung, Misshandlung oder sexuellem Missbrauch sollte mit allen Familienmitgliedern gesprochen und deren Interaktionen untereinander (Erwachsener – Erwachsener, Erwachsener – Kind und Kind – Kind) über einen längeren Zeitraum beobachtet werden. Reich empfiehlt, sich für den Erstkontakt mindestens eineinhalb Stunden Zeit zu nehmen. Davon sollte mindestens eine halbe Stunde für die Interaktionsbeobachtung verwendet werden. Bei Äußerungen des Kindes sollte bedacht werden, dass es möglicherweise Belastendes verschweigt oder beschönigt, um seine Eltern zu schützen und den Zusammenhalt der Familie aufrechtzuerhalten.

Bestätigt sich nach dem Erstkontakt der Verdacht auf sexuellen Missbrauch, sollte umgehend ein Arzt hinzugezogen werden.[86]
Ab dem ersten Kontakt zur Familie ist es wichtig, alle Daten, die zur Klärung notwendig erscheinen, genau zu sammeln und zu dokumentieren.[87] Neben der Abklärung der Lebenssituation des Kindes und der Familie sollten auch Nachforschungen im Umfeld der Familie (z.B. Kindergarten, Schule, Arzt) angestellt werden, allerdings zunächst nur mit Zustimmung der Eltern.[88] Eine Verdachtsabklärung erfordert nicht zuletzt eine Kooperation professioneller Helfer/innen in Form von Helferkonferenzen, in denen möglichst viele Informationen gesammelt werden sollen. Vertrauenspersonen des Kindes aus dem privaten Umfeld können bei dieser Fallkonferenz anwesend sein, sofern sie in den bisherigen Prozess eingebunden waren.[89]

Erhärtet sich der Verdacht auf sexuellen Kindesmissbrauch, führt dies bei Fachkräften oft zur Überzeugung, der Missbrauch hätte mit Sicherheit stattgefunden. Andere Erklärungsmöglichkeiten für die Gründe der Symptome des Kindes werden ab diesem Zeitpunkt oft nicht mehr zugelassen. Jones warnt vor dieser Einstellung:

„Wir interviewen keine sexuell misshandelten Kinder, sondern Kinder, die sexuell misshandelt worden sein könnten."[90]

Im gesamten Verlauf der Intervention sollte deshalb vom ersten Verdacht an über die Interventionsplanung bis hin zum Konfrontationsgespräch der oberste Grundsatz gelten, offen zu sein – auch für ein gegenteiliges Ergebnis. Wird in der Helferkonferenz entschieden, dass alle zusammengetragenen Informationen eine Intervention rechtfertigen, erfolgt die Hilfeplanung.[91]

5.2.5 Vorgehensweise bei erhärtetem Verdacht

Einen erhärteten Verdacht zu haben bedeutet, dass es mitteilbare und nachweisbare Fakten (nicht nur Vermutungen und Ahnungen) gibt, die auf einen sexuellen Missbrauch hinweisen.[92]

Gibt es Anhaltspunkte für eine gegenwärtige oder akut drohende sexuelle Misshandlung eines kleinen Kindes, insbesondere eines Säuglings, kann ein sofortiger (somit unangekündigter) Hausbesuch durch Sozialarbeiter/innen der Jugendwohlfahrt erfolgen. Die Durchführung eines solchen Hausbesuchs soll zu zweit erfolgen, da dadurch intensiver beobachtet werden kann.[93]
Im Gegensatz zum vagen Verdacht, bei dem es darum geht, möglichst viele Informationen zu sammeln, sollte hier in Helferkonferenzen bereits geklärt werden, wer mit dem Kind spricht und wie es am besten geschützt werden kann. Teilnehmen sollten nur jene Professionen, die für die Klärung des Verdachts und für die Sicherstellung des Schutzes benötigt werden.[94]

5.2.6 Konsultation von Ärzt/innen

Wie bereits im ersten Kapitel erwähnt, hinterlässt sexueller Missbrauch nur in Ausnahmefällen eindeutige körperliche Spuren. Dennoch wird bei hinreichendem Verdacht auf sexuellen Missbrauch mit Körperkontakt und Gewaltanwendung zu einer ärztlichen Untersuchung geraten. Dadurch können Folgeverletzungen und -erkrankungen rechtzeitig erkannt werden und neben anderen diagnostischen Hinweisen gegebenenfalls medizinische Befunde einen Verdacht erhärten. Im besten Fall sollte eine hieb- und stichfeste Diagnose abgegeben werden können.[95]

In der Regel ist eine eindeutige Diagnosestellung jedoch nicht möglich. Die während einer Untersuchung beobachteten Verhaltensweisen des Kindes können zwar den Verdacht auf sexuellen Missbrauch verhärten, all zu oft bedeutet aber die (u.a. gynäkologische) Untersuchung für das Kind eine erneute Traumatisierung.[96]

Eine sofortige Untersuchung ist demzufolge nur dann sinnvoll, wenn das Kind verwundet ist (an den Geschlechtsteilen oder am After) oder es die Möglichkeit gibt, frische Spermaspuren nachzuweisen.

Dem Kind sollte mitgeteilt werden, dass es bei der Untersuchung darum geht, zu sehen, dass bei ihm „alles in Ordnung ist" und es gesund ist.[97] Eine ganzheitliche Untersuchung, die sich nicht auf einzelne Körperteile beschränkt und bei der dem Kind genau erklärt wird, was geschieht, erzeugt im Kind am wenigsten Angst.[98]

5.3 Der Konfrontationsprozess

Der Konfrontationsprozess kann erst beginnen, wenn alle Informationen gesammelt und dokumentiert sind. Es muss die größtmögliche Sicherheit bestehen, dass tatsächlich ein sexueller Missbrauch stattgefunden hat. In der Praxis kann es der Fall sein, dass es nie zu einem Konfrontationsprozess kommt, da zwar der vage Verdacht auf sexuellen Missbrauch besteht, es aber keine ausreichenden Hinweise gibt, die diesen Verdacht belegen. Von Seiten der Jugendwohlfahrt werden in der Regel trotzdem Interventionen gesetzt, wie z.B. Gespräche in speziellen Beratungs- und Unterstützungseinrichtungen, um dem Verdacht entgegenzuwirken.[99] Bevor ein Konfrontationsgespräch beginnen kann, müssen folgende Fragen in einer Helferkonferenz geklärt worden sein:[100]

- Wer spricht mit dem Kind?
- Ist die Vertrauensperson des Kindes anwesend?
- Wo findet das Gespräch statt?
- Wer spricht mit der Mutter?
- Wer spricht mit dem Täter?
- Wohin kommt das Kind, wenn es nachher nicht nach Hause kann?

5.3.1 Wissenswertes im Gespräch mit dem Kind

Darüber, dass ein Kind von so wenig Fachkräften wie möglich untersucht und befragt werden sollte, ist sich die Fachliteratur einig.

Da Sozialarbeiter/innen für gezielte Befragungen von Kindern nach sexuellem Missbrauch meist über kein hohes Maß an Wissen über Befragungstechniken und entwicklungspsychologische Prozesse verfügen, sollte die Befragung von speziell dafür ausgebildeten Expert/innen durchgeführt werden.[101]

Aufgabe der Sozialarbeiter/innen ist es deshalb, dafür zu sorgen, dass dem betroffenen Kind der geeignete Raum dafür gegeben wird, um über sein Erlebtes zu sprechen. Ein solcher Ort kann das Kinderschutzzentrum sein. Das Kind muss darin unterstützt werden, die Geheimhaltung zu beenden. Es muss seine Ausdrucksmöglichkeiten wiederfinden, die es durch das Redeverbot des Täters und durch den möglicherweise erlebten Unglauben in seinem Umfeld verloren hat.[102]

Nichtsdestotrotz wird es für Sozialarbeiter/innen der Jugendwohlfahrt nötig sein, mit dem Kind in Kontakt zu treten. Das Jugendwohlfahrtsgesetz sieht sogar ein Gespräch mit dem betroffenen Kind vor, bevor Interventionen gesetzt werden dürfen. Kinder im Alter von über zehn Jahren werden auf jeden Fall, jüngere Kinder je nach Maß ihrer Entwicklungsreife angehört.[103]

Zu Beginn eines Gesprächs ist es sinnvoll, dem Kind Klarheit und Übersicht über das momentane Geschehen zu geben, z.B. wer man ist, warum man mit dem Kind spricht, was man bis jetzt weiß und wie die weiteren Schritte aussehen bzw. aussehen können.[104] Im Gespräch mit dem Kind sollte der Blick nicht nur auf das Sammeln von Beweisen, die für einen sexuellen Missbrauch sprechen, gerichtet sein. Es ist wichtig, das Erleben des Kindes und dessen Bedürfnisse zu thematisieren, um herausfinden zu können, was das Kind will und was es an Hilfe benötigt.[105] Empfohlen werden Fragetechniken, die nur einen geringen suggestiven Effekt haben, wie z.B. offene Fragen, Bestimmungsfragen, Auswahlfragen oder Ja-

Nein-Fragen. Bei jüngeren Kindern ist deren Anwendung allerdings oft nicht möglich.[106]

Bei vagem Verdacht sollte im Gespräch gemeinsam mit dem Kind nach möglichen anderen Problemen gesucht werden, die zu seiner Symptomatik geführt haben. Sozialarbeiter/innen sollten darauf achten, ihre eigenen Gefühle, die im Laufe des Gesprächs entstehen (z.B. Aufregung, Ekel, Wut etc.), nicht auf das Kind zu übertragen. Dem Kind Ruhe und Sicherheit zu vermitteln, ist notwendig, besonders wenn sich der/ die Sozialarbeiter/in der Jugendwohlfahrt aufgrund vorliegender Informationen sicher ist, dass ein sexueller Missbrauch stattgefunden hat. Das Kind soll ermutigt werden, über das Vorgefallene zu sprechen, ohne es dazu zu drängen.[107]

Hat das Kind sich klar darüber geäußert, dass ein sexueller Missbrauch stattgefunden hat, ist es im Gespräch mit dem Kind wichtig, es von seiner Verantwortung zu entlasten und ihm klar zu machen, dass für die Tat und die daraus resultierenden Folgen und Konsequenzen allein der Täter die Verantwortung trägt. Fragen oder Kommentare, die dem Opfer eine Mitverantwortung oder gar Hauptverantwortung zuschieben (z.B. „Warum hast du dich nicht gewehrt?", „Warum hast du nicht mit deiner Mutter gesprochen?"), sind demzufolge unzulässig und schädigend. Dem Kind soll im Gespräch Orientierung und Halt gegeben werden. Äußert es den Wunsch auf Geheimhaltung des Erzählten, sollte ihm versichert werden, dass man als Sozialarbeiter/in persönlich nun die Verantwortung übernimmt, dass der Missbrauch aufhört. Um das Kind von dem Gefühl, mitschuldig zu sein, zu entlasten und den Geheimhaltungsdruck zu lockern, kann ihm mitgeteilt werden, dass auch andere Kinder Ähnliches erlebt haben.[108]

Da Kinder nach der Aufdeckung ihre Aussage häufig wieder zurücknehmen, sollten das Gespräch mit dem Kind und die Konfrontationsgespräche mit der Mutter und dem Täter möglichst zeitgleich (am selben Tag) stattfinden. Nach dem Gespräch sollte in Gegenwart der Mutter und des Kindes wiederholt werden, was der Inhalt des Gesprächs war. Für das Kind ist es wichtig, dass das, was passiert ist, auch ausgesprochen und weitererzählt wird.[109]

5.3.2 Konfrontationsgespräch mit der Mutter

Inhalt dieses Gesprächs ist die Konfrontation der Mutter mit dem sexuellen Missbrauch ihres Kindes durch ihren Partner und den Folgen der Tat für sie selbst. Das Gespräch sollte von zwei Sozialarbeiter/innen geführt werden. Wichtig ist, die Erwartungen an die Mutter nicht am Idealbild von Mütterlichkeit zu orientieren, sondern ihre reale Lebenssituation zu berücksichtigen.[110]

Bevor Mütter ihrem eigenen Kind helfen können, müssen sie erst einmal selbst mit der veränderten Situation fertig werden. Ihrem Kind zu glauben geht mit einer großen Lebensveränderung einher, die nicht selten traumatisierend auf die Mutter wirkt. Sie muss nicht nur die Not des Kindes ertragen, sondern sich auch mit der Trennung von ihrem Partner und dem Gefühl, als schlechte Mutter für den sexuellen Missbrauch mitverantwortlich zu sein, abfinden. Hinzu können lang andauernde Rechtsstreitigkeiten kommen.[111]

Ziel des Gesprächs ist abzuklären, ob die Mutter die Verantwortung für den Schutz ihres Kindes übernehmen und die Konsequenzen tragen kann. Dabei kann es hilfreich sein, die Stärken der Mutter herauszuarbeiten („Welche Fähigkeiten hat sie? Wie meistert sie ihr Leben? Was hat sie für ihr Kind bereits in anderen Bereichen geleistet?") und sie nicht auf ihr Versagen als Mutter zu reduzieren.[112]

Nach Möglichkeit soll im Gespräch eine intensive Zusammenarbeit mit der Mutter angestrebt werden, um sie dahingehend zu unterstützen und zu stärken, ihrem Kind zu glauben und ihm keine Schuld zu geben, sondern die Verantwortung für den sexuellen Missbrauch dem Täter zu übertragen und ihr Kind zu beschützen.[113]

Zuletzt ist es hilfreich, die aktuelle Situation („Was ist, wenn Sie nach Hause gehen?“) und klare Handlungsanleitungen und Vorschläge einer möglichen Unterstützung (z.B. weitere Beratungstermine, Selbsthilfegruppen, Möglichkeit der Rechtsberatung, Hilfestellungen bei alltagspraktischen Dingen wie Wohnungssuche, Beantragung von Hilfen zum Lebensunterhalt, etc.) abzuklären. Diese Hilfen ermöglichen es Müttern eher, eine eigenständige Existenz zu führen, sich vom Täter zu trennen und sich somit eindeutig auf die Seite ihres Kindes zu stellen.[114] Gelingt dies nicht, sollte die Mutter bei der Entscheidung gestützt werden, ihr Kind für eine Weile oder auf Dauer in die Verantwortung anderer abzugeben.[115] Außerdem soll sie davon abgehalten werden, den Täter unüberlegt anzuzeigen.[116]

5.3.3 Konfrontationsgespräch mit dem Täter

In diesem Gespräch soll der Täter mit der Offenlegung des von ihm begangenen sexuellen Missbrauchs konfrontiert werden. Enders weist darauf hin, dass, je klarer, je vorbereiteter und je überraschender der Täter mit dem Verdacht konfrontiert wird, desto höher die Wahrscheinlichkeit ist, dass der Täter „Teilgeständnisse“ ablegt. Deshalb ist es für die Konfrontation des Täters wichtig, möglichst viele Fakten des Missbrauchs zu kennen (was passiert ist, wie die Begleitumstände waren, welche Drohungen, aber auch Geschenke gemacht wurden, usw.). Der Täter kann auf vielfältige Art und Weise reagieren. Er kann alles abstreiten, Teile leugnen, die Auswirkungen herunterspielen („Dem Kind macht das nichts aus“) oder sich vor der Verantwortung drücken („Das Kind hat mich verführt“). Leugnet der Täter und ist das Geschehene bekannt, kann es sinnvoll sein, die Ebene zu wechseln und seine Situation anzusprechen: „Was wäre, wenn Sie es sagen würden?“, „Was würde passieren …?“[117]

Ziel des Gesprächs ist, dass der Täter die Verantwortung für den sexuellen Missbrauch übernimmt, ihm die Folgen des Missbrauchs für das Kind, die Familie und ihn selbst klar werden und er den Lebensraum des Kindes verlässt.[118] Realisiert der Täter, nachdem er Teile des Missbrauchs gestanden hat, welche Konsequenzen seine Tat hat, nimmt er oft die eigenen Aussagen wieder zurück und stellt sich selbst als Opfer unglücklicher Umstände dar.[119]
Für die weitere Intervention ist es wichtig, den Schutz des Opfers vor die Hilfestellung für den Täter zu stellen. Auch wenn die Täterarbeit einen wichtigen Aspekt bei sexuellem Missbrauch darstellt, wie folgende Metapher verdeutlicht, ist dies nicht primäre Aufgabe der Jugendwohlfahrt.[120]

„Es gibt einen Fluss, in dem ein Kind treibt. Man holt dieses Kind aus dem Fluss, es wird beatmet, wiederbelebt. Es gibt eine Ambulanz, das Kind geht ins Hospital. Und während man sich damit beschäftigt, gibt es ein zweites Kind im Fluss und es gibt ein drittes Kind. Man holt diese Kinder aus dem Fluss. Man reanimiert diese Kinder immer wieder, ebenso ein viertes, ein siebtes, ein neunzehntes, ein vierzigstes Kind. Und jedes Mal holt man diese Kinder aus dem Fluss und niemand sieht, dass es 200 Meter weiter einen Mann gibt, der diese Kinder, pock, pock, pock, in den Fluss stößt.“[121]

Als Sozialarbeiter/in sollte man sich darüber im Klaren sein, dass sexueller Missbrauch kein einmaliger Ausrutscher ist und der Täter nur aus Angst vor Aufdeckung aufhört zu missbrauchen.[122] Das vorrangige Ziel muss sein, den Missbrauch zu beenden. Laut Harnach zeigen allgemeine Erfahrungen, dass sexueller Missbrauch nicht endet, so lange Täter und Opfer räumlich zusammenbleiben. Auch wenn der Täter geständig ist und sich für eine Therapie entscheidet, gelingt ihm oft das Unterlassen der Handlungen nicht, so lange er noch mit dem Opfer zusammenlebt.

5.4 Die Hilfeplanung

Die Jugendwohlfahrt trägt die Gesamtverantwortung für die Jugendhilfe und ist dementsprechend auch für die Planung von geeigneten Hilfen (Entwicklung von Konzepten und Hilfeplänen) sowie die Schaffung geeigneter Rahmenbedingungen für Intervention und Kooperation zuständig, um einen akuten und langfristigen Schutz des Kindeswohles sicherzustellen. Mit Schutz des Kindes ist aber nicht zwangsläufig die Herausnahme des Kindes aus dem Familiensystem gemeint, sondern es kann auch bedeuten, dass Vertrauenspersonen und andere
Ressourcen sichergestellt und Fachdienste bereitgestellt werden.[123]

Die Hilfeplanung muss klar festgelegt sein und es muss deutlich sein, welche kurz, mittel- und langfristigen Ziele verfolgt werden sollen, welche Maßnahmen einzuleiten sind und welchen Anteil jeder Beteiligte zum Verfahren beitragen soll.[124] Wichtig ist es, bei der Planung der Vorgehensweise darauf zu achten, ob neben dem betroffenen Kind dessen Geschwister ebenfalls gefährdet sind, da innerfamiliär häufig mehrere Kinder von sexuellem Missbrauch betroffen sein können bzw. es möglich sein kann, dass bisher verschonte Kinder die Rolle des herausgenommenen Kindes übernehmen müssen.[125]

5.4.1 Das Kind im Blickfeld

Kuehn-Velten weist darauf hin, wie wichtig es in der Hilfeplanung ist, das Kind im Blick zu haben. Viele Kinder, die von Missbrauch betroffen sind oder bei denen Missbrauch vermutet wird, haben erlebt, dass sie nicht im Blick gewesen sind, als es zu dieser Situation kam. Sie haben nicht mitbestimmen und mitentscheiden können und hinzu kommt, dass die Eltern möglicherweise ganz andere Wahrnehmungen und Wirklichkeiten im Hilfsprozess schildern.[126]
Wie ein Kind „aus dem Blick“ geraten kann, verdeutlicht folgendes

Beispiel sehr gut (auch wenn das Alter des Mädchens nicht mehr in der frühen Kindheit fällt):

„Die zehn Jahre alte Vanessa fällt in der Nachbarschaft auf durch ihr sexualisiertes Verhalten. Sie masturbiert in der Öffentlichkeit, auch mit dem Hund der Nachbarn. Diese rufen Polizei und Jugendamt an, mit der Mitteilung des Verdachts auf sexuellen Missbrauch. Polizei, Ordnungsamt und Jugendamt besuchen zusammen die Familie. Der Vater wird mit dem Vorwurf konfrontiert, das Mädchen ins Heim gebracht. Es gibt Geschrei, Tränen, Stress. In der Anhörung vor Gericht wird entschieden, dass die Verdachtsmomente nicht ausreichen. Das Kind kommt zurück in die Familie. Niemand hat Vanessa gefragt, wie es ihr geht, was sie möchte.
Keiner hat ihr etwas erklärt. Sie kommt zur Diagnostik. Nach allem, was sie erlebt hat, dauert es ein Jahr, bis sie über sich und ihre Familie spricht. Die Diagnostik ergibt: Ja, Vanessa wird sexuell misshandelt vom Vater. Vanessa ist aus dem Blick geraten und hat vielleicht ein Jahr verloren – ein Jahr für Schutz und Zuhören.“[127]

Kinder im Blick zu haben bedeutet, ihnen zuzuhören und Wertschätzung und Respekt für ihre Gefühle, Wünsche und Ambivalenz entgegenzubringen, um sie so für Schutz und Hilfe zu gewinnen.[128] Das Kind im Blick zu haben hat bei Vanessa danach folgendermaßen ausgesehen:

„Gemeinsam mit Vanessa wurde der Weg erarbeitet, eine stationäre Behandlung in einer therapeutischen Einrichtung zu machen. Da bis zur Aufnahme noch drei Monate überbrückt werden mussten, entschied sich Vanessa, bis dahin zu Hause zu bleiben. Sie wollte nicht noch einmal woanders hin, da sie bereits gegen ihren Willen von zu Hause weggeholt wurde. Mit dem Jugendamt wurde beschlossen, Vanessa mit der Unterstüt-

zung einer ambulanten Hilfe zu Hause bei ihrem Vater zu lassen, allerdings ohne die Sicherheit, dass der Missbrauch aufgehört hatte.“[129]

Für Vanessa war die Entscheidung in diesem Fall die richtige. Bei anderen Kindern hätte der Weg in der gleichen Situation anders sein können. Der Kinderschutz muss ohne Zweifel an erster Stelle stehen, allerdings unter Berücksichtigung der Wünsche und mit nötigem Respekt für die Geschichte eines Kindes.[130]

5.4.2 Interventionen bei Verbleib des Kindes in der Familie

Erfahren Mütter vom sexuellen Missbrauch ihres Kindes durch den Lebenspartner, stehen sie vor einer schweren Entscheidung. Denn um den Schutz des Kindes sicherzustellen, ist die Trennung der Familie durch Auszug des Täters oder das Verlassen der Familienwohnung durch das Kind (eventuell gemeinsam mit der Mutter und den Geschwistern) unbedingt notwendig.[131]

„Nur durch die Sicherstellung eines Lebens- und Wohnraumes, in dem der Täter keine Zugriffsmöglichkeiten mehr hat, können Mädchen sicher geschützt werden (...). Wenn der Täter nicht aus dem Umfeld des Mädchens zu entfernen ist und niemand innerhalb der Familie den Schutz des Mädchens gewährleisten kann, muss das Mädchen seine Familie verlassen.“[132]

In der Praxis erklärt sich der Täter selten bereit, die gemeinsame Wohnung zu verlassen, und nur wenige Frauen haben die Kraft dazu, ihren Partner sofort vor die Tür zu setzen. Betroffene Mütter brauchen in dieser Situation viel Geduld und Verständnis für ihre ambivalenten Gefühle gegenüber dem Kind und dem Täter. Eine Aufarbeitung der emotionalen Konflikte kann die Mutter zu diesem Zeitpunkt noch nicht leisten, weshalb sie nicht überfordert werden darf. Im Vordergrund stehen zunächst die Unterbringung von Mutter und Kind, die Sicherung des Lebensunterhaltes und die Klärung, inwieweit Verwandte und Bekannte die Mutter unterstützen können und wollen.[133] Erklärt sich die Mutter bereit, ihr Kind zu schützen und sich somit vom Täter abzuwenden, hat sie verschiedene Möglichkeiten dazu.

5.4.2.1 Rechtliche Möglichkeiten

Erwirkung eines Wegweisungs- und Betretungsverbots

Die Wegweisung und das Betretungsverbot bei Gewalt im sozialen Nahraum sind im §38a Sicherheitspolizeigesetz (SPG) geregelt. Ist aufgrund bestimmter Tatsachen anzunehmen, dass ein gefährlicher Angriff auf Leben, Gesundheit oder Freiheit bevorsteht, ist die Polizei ermächtigt, denjenigen, von dem die Gefahr ausgeht, aus der Wohnung, in der die gefährdete Person wohnt, und deren unmittelbarer Umgebung wegzuweisen. Diese Wegweisemöglichkeit besteht zwischen Partnern ebenso wie zwischen Eltern und Kindern. Mit dieser Wegweisung kann ein Betretungsverbot ausgesprochen werden, das für die Dauer von vierzehn Tagen gilt.[134]

Wird innerhalb dieser Frist ein Antrag auf eine einstweilige Verfügung (siehe unten) gestellt, wird die Geltungsdauer auf vier Wochen verlängert. Dadurch wird ein lückenloser Schutz vom Vorfall bis zur Beendigung des Verfahrens bzw. für die Dauer der Bewilligung der einstweiligen Verfügung gewährleistet.[135]

Erwirkung einer einstweiligen Verfügung durch das Familiengericht

Um längerfristigen Schutz zu erhalten, kann die Mutter beim Bezirksgericht eine einstweilige Verfügung gemäß §382b der Exekutivordnung (EO) erwirken. Diese hat zur Folge, dass der Täter die Wohnung und deren unmittelbare Umgebung nicht mehr betreten darf. Zusätzlich können dem Täter der Aufenthalt an bestimmten Orten (z.B. Kindergarten, Schule des Kindes) und das Zusammentreffen sowie die Kontaktaufnahme („Kontaktverbot“) untersagt werden. Diese Verfügung soll die körperliche sowie seelische Integrität der Frau schützen, die auch durch Angriffe gegen ihr Kind (z.B. durch sexuellen Missbrauch) beeinträchtigt wird. Die einstweilige Verfügung kann von all jenen erwirkt werden, die mit dem Täter in einer familiären oder familienähnlichen Gemeinschaft leben oder gelebt haben; demnach ist sie auch für Ex-Männer oder ehemalige Lebensgefährten gültig. Voraussetzung ist, dass die Wohnung dem Antragsteller zur Befriedigung dringender Wohnbedürfnisse dient und dem nicht schwerwiegende Interessen des Täters entgegenstehen. Eine einstweilige Verfügung gilt für Wohnungen längstens sechs Monate, bei Aufenthalts- und Kontaktverboten längstens für zwölf Monate. Wird gleichzeitig ein Scheidungsverfahren eingeleitet, gilt die Verfügung für die Dauer des Verfahrens.[136] Die einstweilige Verfügung kann auch unabhängig von einem Betretungsverbot beantragt werden.[137]

Erwirkung der Übertragung der einstweiligen Obsorge

Ist der Täter gleichzeitig Obsorgeträger des Kindes, kann die Mutter beim Pflegschaftsgericht unverzüglich einen Antrag auf Übertragung des alleinigen Sorgerechts stellen. Dabei ist wichtig, den Antrag auf Obsorge nicht nur für das missbrauchte Kind, sondern gleich für alle Kinder zu stellen. Zusätzlich zu einer solchen Obsorgeübertragung kann das Umgangsrecht, über welches der missbrauchende Elternteil zunächst noch verfügt, eingeschränkt oder sogar aufgehoben werden, wenn es zum Schutz des Kindes notwendig ist.[138]

Wie der Name schon sagt, wird eine einstweilige Obsorge nur vorläufig übertragen. Endgültige Regelungen werden in einem späteren, zeitintensiveren Verfahren festgelegt. Hierzu kann die Jugendwohlfahrt aufgefordert werden, eine Stellungnahme abzugeben, damit die Interessen des Kindes und das Kindeswohl berücksichtigt werden.[139]

5.4.2.2 Wohnmöglichkeiten für Mutter und Kind

Kann der Verbleib der Mutter und des betroffenen Kindes bzw. auch von dessen Geschwistern in der ursprünglichen Wohnung nicht gewährleistet werden (z.B. aus Angst vor dem Täter), besteht die Möglichkeit, sie vorübergehend in einem Frauenhaus unterzubringen. Das Frauenhaus stellt für Frauen und deren Kinder in Krisensituationen einen sicheren Ort dar, wo sie ihr Leben wieder stabilisieren und ihre Gewalterlebnisse aufarbeiten können. Stellt sich während der Interventionsphase heraus, dass ein längerfristiger Aufenthalt für Mutter und Kind nötig ist, kann nach anderen Wohnformen gesucht werden.[140]

5.4.2.3 Angebote der Unterstützung der Erziehung

Die Maßnahme der „Unterstützung der Erziehung“ (§27 JWG 1989) ist eine ambulante Form der Erziehungshilfe (z.B. Familienhilfe, Einzelbetreuung für Jugendliche etc.), die darauf abzielt, die Erziehungskompetenzen der Eltern zu stärken, um so die betroffenen Kinder unter begleitenden Maßnahmen im Familienverband lassen zu können. Für die Ausführung dieser Maßnahme werden interne und externe Dienstleister herangezogen. Die „Unterstützung der Erziehung“ ist im Allgemeinen einer „vollen Erziehung“ (Herausnahme des Kindes aus
der bisherigen Umgebung) vorzuziehen, falls sie Ziel führend ist.[141]

Angebote der Unterstützung der Erziehung sind nur dann sinnvoll, wenn abgesichert ist, dass der Missbrauch aufhört bzw. der Täter keinen Zugriff mehr auf sein Opfer hat. Hinzu kommt, dass die Mutter als nicht missbrauchender Elternteil klar auf der Seite des Kindes stehen muss und dadurch eine entsprechende Unterstützung gewährleistet ist.[142]

Ist dies der Fall, bedeutet das für die Mutter eine existentielle Veränderung in ihrem Leben. Mit der Trennung vom Täter entstehen oft weitere Problemfelder, bei deren Bearbeitung Unterstützung gefordert ist. Neben der Erhebung dieses Unterstützungsbedarfs müssen Fachkräfte der Jugendwohlfahrt bei der Bereitstellung der Hilfen klar entscheiden, welche sie selbst im Rahmen ihrer Tätigkeit abdecken können und für welche Problembereiche Unterstützung durch andere Fachdienste erforderlich ist.[143]

Bleibt der Täter weiterhin in der Familie, kann eine Unterstützung der Erziehung nicht verantwortet werden, da bei sexuellem Missbrauch davon auszugehen ist, dass die Übergriffe trotz einer Betreuung durch Sozialarbeiter/innen fortgesetzt werden. Erfahrungen haben gezeigt, dass der Geheimhaltungsdruck dadurch noch mehr erhöht wird. Der Täter wird das Kind mit noch stärkeren Drohungen und körperlicher Gewalt zum Schweigen verpflichten, um Sanktionen zu vermeiden. Die Situation des betroffenen Kindes wird dadurch noch auswegloser und es muss erkennen, dass offensichtlich auch Außenstehende nicht in der Lage sind, ihm tatsächlich zu helfen.[144]

5.4.2.4 Weitervermittlung zu Beratungs- und Unterstützungseinrichtungen

Die Jugendwohlfahrt kann das betroffene Kind und dessen Mutter an freie Träger weitervermitteln, die ein breites Spektrum an Unterstützung mit unterschiedlichen inhaltlichen Schwerpunkten und Ansätzen bieten. Eine enge und gut koordinierte Zusammenarbeit zwischen der Jugendwohlfahrt und der jeweiligen Einrichtung ist hilfreich und Ziel führend, da die Jugendwohlfahrt meist nicht über die nötigen Ressourcen verfügt, um das Kind und dessen Mutter bei langfristigen Prozessen zu begleiten.[145] Einrichtungen, mit denen in der Regel zusammengearbeitet wird, sind z.B. Kinderschutzzentren, Kinder- und Jugendanwaltschaften und spezielle Beratungsstellen bei sexuellem Missbrauch. Zusammengefasst umfasst ihr

Angebot medizinische und rechtliche Informationsgespräche, psychosoziale Beratungen, Krisenintervention, Konfrontationsgespräche und Prozessvorbereitung und -begleitung. Bei kleinen Kindern werden außerdem heilpädagogische Maßnahmen eingesetzt, um auch körperliche Entwicklungsstörungen zu behandeln.[146]

Bevor Betroffene die oben angeführten Angebote nützen, ist es sinnvoll, als Sozialarbeiter/in ein gemeinsames Treffen mit der ausgewählten Einrichtung und der Familie zu organisieren, um die Betreuungsziele zu vereinbaren und die weitere Vorgehensweise zu besprechen.[147]

Häufig bieten Beratungs- und Unterstützungseinrichtungen auch psychologische und psychotherapeutische Unterstützung, kurz- und langfristige Einzel- und Gruppentherapien sowie geleitete Selbsthilfegruppen an. Fachkräfte der Jugendwohlfahrt sollten der Mutter, auf jeden Fall aber dem betroffenen Kind, eine altersadäquate Therapie (z.B. Spieltherapie, Kunsttherapie, Kinderpsychodrama etc.) als Unterstützung zur Verarbeitung seines/ ihres Traumas anbieten, da sexuelle Missbrauchserfahrungen einen schwerwiegenden Eingriff in die Psyche eines Kindes darstellen.[148] Durch eine Therapie sollten Folgeschäden beim Kind abgebaut bzw. eingedämmt werden.[149]

Bei der Vermittlung einer Therapie soll darauf geachtet werden, dass der/ die Therapeut/in im Beisein des Kindes über den sexuellen Missbrauch informiert wird. Eine therapeutische Arbeit mit dem Opfer macht allerdings erst Sinn, wenn das Kind vom Täter getrennt ist. Erst dann kann sich das Kind ohne Druck auf den Therapieprozess einlassen.[150]

Bange und Deegener warnen davor, ein sexuell missbrauchtes Kind zwangsläufig in einen therapeutischen Prozess einzubinden. Nicht jedes Kind ist gleich stark traumatisiert und manche Kinder wollen bzw. können sich nicht mit ihrem Problem befassen, weshalb in diesem Falle eine Therapie mehr schadet als nützt.[151]

5.4.3 Interventionen bei Herausnahme des Kindes aus der Familie

Erhärtet sich der Verdacht auf sexuellen Missbrauch und ist die Mutter nicht in der Lage, sich auf die Seite ihres Kindes zu stellen und sich vom Täter zu trennen, kann aus der Sicht von Harnach davon ausgegangen werden, dass sie das Kind nicht wirksam schützen kann oder will. In diesem Fall muss die Jugendwohlfahrt zum Schutz des Kindes Maßnahmen ergreifen.[152]

5.4.3.1 Rechtliche Möglichkeiten

Erwirkung einer Einstweiligen Verfügung im Namen des Kindes

Das Gewaltschutzgesetz regelt, dass, wenn die Mutter nicht unverzüglich einen Antrag auf einstweilige Verfügung stellt, die Jugendwohlfahrt selbst die Möglichkeit hat, im Namen des gefährdeten Kindes diesen Antrag zu stellen. Davon wird in der Praxis allerdings nur selten Gebrauch bemacht, da es nur geringen Schutz für das Kind bietet, wenn die Mutter nicht dahintersteht.[153]

Antrag auf „volle Erziehung"

Gibt es eindeutige Hinweise, dass das Wohl des Kindes akut gefährdet ist und die Erziehungsberechtigten den Schutz des Kindes nicht gewährleisten können oder wollen, besteht sofortiger Handlungsbedarf. Entweder erklären sich die Erziehungsberechtigten bereit, einer „vollen Erziehung" (§§ 28, 29 JWG 1989), also einer Unterbringung außerhalb der Familie (mit oder ohne Obsorgeübertragung an die Jugendwohlfahrt), freiwillig zuzustimmen, oder das Kind wird im Rahmen von „Gefahr in Verzug" (§215 ABGB) ohne Einwilligung der Erziehungsberechtigten aus der Familie genommen. Dafür müssen Fachkräfte der Jugendwohlfahrt einen Gerichtsbeschluss auf „Übertragung der Obsorge" oder des Teilbereichs „Pflege und Erziehung" beim Pflegschaftsgericht erwirken. Der Antrag muss innerhalb von acht Tagen nach Herausnahme des Kindes erfolgen. Ziel einer „vollen Erziehung" ist es, die kurz- bis mittelfristige Versorgung des betroffenen Kindes (Sicherung von Essen und Schlafen, Abwendung der Gefährdung des sexuellen Missbrauchs) sicherzustellen.[154]

Roth empfiehlt, dass eine notwendige Fremdunterbringung immer auch rechtlich durch den Entzug der elterlichen Obsorge abgesichert werden sollte. Ansonsten kann es vorkommen, dass der Täter und die Mutter nach der Konfrontation mit dem Herausnahmegrund aus Angst vor rechtlichen Konsequenzen einer Fremdunterbringung zwar zustimmen, den vorliegenden Missbrauch jedoch leugnen. Es wird nicht lange dauern, bis der Täter und die restliche Familie Druck auf das Kind ausüben und es zwingen, seine Angaben zurückzunehmen und in die Familie zurückzukehren.[155]

5.4.3.2 Fremdunterbringung des Kindes bei „Gefahr im Verzug"

Muss ein Kind sofort aus der Familie herausgenommen werden, wird das Kind meist in einer Kriseneinrichtung untergebracht, da es nur selten Verwandte oder Bekannte gibt, die das Kind in ausreichendem Maße gegenüber den Reaktionen des Täters schützen können. Während Kinder ab drei Jahren an einem Krisenpflegeplatz untergebracht werden, gibt es für jüngere Kinder die Möglichkeit der Unterbringung in einer Krisenpflegefamilie. Der Aufenthalt ist zeitlich begrenzt, immer so lange, bis die weitere Vorgehensweise geklärt ist.[156]

Enders weist darauf hin, dass bei einer Fremdunterbringung der/ die Sozialarbeiter/ in der Jugendwohlfahrt auf keinen Fall Partei für das Kind und dessen Mutter ergreifen kann. Die Mutter benötigt eine/n eigene/n parteiliche/n Berater/in, die ihr hilft, ihre Interessen zu vertreten.[157]

Muss das Kind seine Familie verlassen, muss ihm eindeutig vermittelt werden, dass es weder die Verantwortung für den Zusammenhalt der Familie trägt noch für die Folgen, die die Aufdeckung des Missbrauchs für die einzelnen Familienmitglieder hat. Dies bedeutet auch, sexuellen Missbrauch, und nicht das „auffällige Verhalten" des Kindes, als Grund für die Fremdunterbringung klar zu benennen. Laut Schäfter und Hocke erkennen Professionelle den Zusammenhang zwischen den Verhaltensauffälligkeiten und der Gewalterfahrung oft nicht, was für das Kind eine direkte Schuldzuweisung bedeutet.[158]

5.4.3.3 Dauerhafte Fremdunterbringung des Kindes vs. Rückkehr zur Familie

Stellt sich, während das Kind in Krisenpflege ist, heraus, dass die Familie nicht über die nötigen Ressourcen verfügt, das Wohl des Kindes auf Dauer sicherzustellen, kann für das Kind nach einem dauerhaften Unterbringungsplatz gesucht werden. Dieser kann für junge Kinder entweder ein sozialpädagogischer Wohnplatz (z.B. in einem Kinderdorf) oder die Unterbringung in einer Pflegefamilie sein. Letztere wird häufig bevorzugt, da sie nicht nur kostengünstiger ist, sondern dem Kind ein familienorientiertes Beziehungsgefüge bietet. Allerdings ist genau zu prüfen, über wie viel Professionalität die Pflegeeltern in Bezug auf sexuellen Missbrauch verfügen, da ansonsten die Gefahr einer sekundären Traumatisierung gegeben ist.[159] Hat die Mutter, während der Krisenunterbringung ihres Kindes, die Stärke erlangt, sich vom Partner zu trennen und adäquate Lebensverhältnisse für sich und das Kind zu schaffen (z.B. neue Wohnung, Inanspruchnahme einer Therapie etc.), kann die Jugendwohlfahrt auch die Rückkehr des Kindes zur Mutter beschließen. Voraussetzung dafür ist, dass sie dem Kind den nötigen Schutz und Unterstützung bei der Aufarbeitung des Erlebten geben kann.

5.4.4 Zur Kontaktregelung zwischen Opfer und Täter

5.4.4.1 Regelungen bei klarem Vorliegen eines sexuellen Missbrauchs

Eine in der Praxis existierende Annahme ist, dass der Kontakt eines sexuell missbrauchten Kindes zum missbrauchenden Vater dem Kind nicht schade, sondern sogar förderlich für die Verarbeitung seines Traumas sei.[160]

„Neben dem sexuellen Missbrauch kann die Missbraucher-Kind-Beziehung auch durch positive Elemente gekennzeichnet sein, die dem Kind bei Kontaktabbruch verloren gingen… Man muss sich darüber im Klaren sein, dass dies kein heilsamer Schritt ist, sondern auch eine Gefährdung für die weitere Entwicklung des Kindes darstellt.“[161]

Trotz der Tatsache des sexuellen Missbrauchs gebe es eine Bindung, die als Liebe zwischen dem Kind und dem Täter bezeichnet wird. Heilinger sieht dies als kritikwürdig, da der Täter die Liebesbedürftigkeit des Kindes für seine Interessen ausnütze und dem Kind das Gefühl, geliebt zu werden, vorspiele. Ein missbrauchtes Kind könne diesen „Verrat“ erst im Laufe eines Loslösungs- und Heilungsprozesses erkennen, der auf keinen Fall durch weiteren Kontakt zum Täter stattfinden kann.[162]

Auch Roth fordert auf, die Wunschvorstellung, dass der Kontakt zwischen dem Vater und dem missbrauchten Kind für die Entwicklung des Kindes dringend erforderlich ist, aufzugeben. Eine Familie, in der sexuelle Gewalt stattfindet, sei keine Familie, in der die existenziellen Grundbedürfnisse eines Kindes nach Liebe und Geborgenheit, Sicherheit und Vertrauen, Anerkennung, Entwicklung, Zuversicht und Autonomie nur annähernd befriedigt werden würden. Die Familie ist für dieses Kind nicht der Ort der Sicherheit und Unversehrtheit, sondern der Ort einer Gewalthandlung. Demnach kann es nicht die Aufgabe von Professionellen sein, unter allen Umständen am Erhalt der Familie zu arbeiten, sondern nach Alternativen zu suchen, in denen betroffene Kinder in geschütztem Rahmen, ohne Kontakt zum missbrauchenden Elternteil, ihre „Verletzungen" heilen können.[163]

Während sich die einen eindeutig für, die anderen wiederum ganz klar gegen eine Besuchs- und Kontakterlaubnis aussprechen, existiert in der Praxis auch die Meinung, beides zu vereinen. Demnach sollte es zu Beginn keine Besuchs- und Kontaktregelungen geben, da der Täter ganz klar seine Elternverantwortung und Fürsorgepflicht verletzt hat. Bevor er wieder eine Besuchs- und Kontakterlaubnis erhält, müsse er Einsicht in sein Fehlverhalten zeigen und sich einer therapeutischen Behandlung unterziehen. Erst nach erneuter Gutachterprüfung sollte er wieder Kontakt zum missbrauchten Kind haben dürfen.[164]

Der Vorschlag, Treffen zwischen Opfer und Täter durch das Beisein Dritter zu regeln, findet nicht überall Anklang. Bei einem Treffen zwischen Vater und Kind werden während des Umgangs häufig Erlebnisse der Missbrauchssituation reproduziert, was auch durch die Begleitung einer Fachkraft nicht verhindert werden könne. Um den Erfolg von pädagogischen und therapeutischen Maßnahmen zu gewährleisten, wäre ein zeitgleicher Umgang des Kindes mit dem Täter kontraindiziert.[165]

5.4.4.2 Regelungen bei Verdacht auf sexuellen Missbrauch

Besteht „nur" der Verdacht, ein Kind könnte innerfamiliär sexuell missbraucht werden, macht es Sinn, eine kontrollierte Besuchsregelung einzuführen, bis der Verdacht geklärt ist. Durch die ständige Anwesenheit einer geschulten Fachkraft können Gefährdungen erkannt und rechtzeitig unterbunden werden.[166] Zusammengefasst sollte im Entscheidungsprozess bezüglich Kontakt- und Besuchsrecht der Leitgedanke im Vordergrund stehen, das Kindeswohl vor Elternrecht zu stellen. Gegebenenfalls muss auch ein selbst geäußerter Wunsch des Kindes nach Umgang mit dem missbrauchenden Elternteil versagt werden.[167]

5.4.5 Zur strafrechtlichen Verfolgung des Täters

Ist der Täter der Jugendwohlfahrtsbehörde bekannt, kann sie strafrechtliche Sanktionen gegen den Täter, der das Kindeswohl gefährdet, erheben, sofern Rechtsgüter des Kindes, wie z.B. Leben, körperliche Unversehrtheit etc., verletzt worden sind. Allerdings gilt es in jedem Fall individuell zu überprüfen, ob und ab welchem Zeitpunkt eine strafrechtliche Verfolgung des Täters wirklich dem Schutz und dem Interesse des Opfers dient, da die weitere psychische Belastung (unter anderem durch die Befragung zum Tathergang) im Kind zu einer erneuten Traumatisierung (siehe sekundäre Traumatisierungsfaktoren) führen kann.[168]

Des Weiteren dauern solche Verfahren meist mehrere Jahre, haben einen unsicheren Ausgang (häufig ist die Aussage des Opfers der einzige Beweis) und auch die vorangegangene Strafanzeige bietet nur in den seltensten Fällen einen sofortigen Schutz des Opfers vor weiteren sexuellen Übergriffen.[169] Stellt sich im Laufe der Hilfeplanung heraus, dass eine familien- oder strafgerichtliche „Anrufung“ nötig ist oder von den Betroffenen gewünscht wird, hat die Jugendwohlfahrt die Möglichkeit, eine Prozessbegleitung für das Kind zu installieren.[170]

Die strafrechtliche Verfolgung des Täters gibt ihm zwar die Verantwortung für sein Tun und entlastet das Opfer von der oft unterstellten Mitschuld, wird aber nicht auf Dauer zu einer Veränderung seines Verhaltens führen. Diese kann nur eine therapeutische Aufarbeitung der psychodynamischen Konfliktstrukturen des Täters bewirken.[171]

6. Resümee

Die Intervention bei Verdacht auf sexuellen Missbrauch ist eine der schwierigsten Aufgaben in der Sozialen Arbeit. Vor allem bei sexuellem Missbrauch an Klein- und Vorschulkindern kann sie sich schwierig gestalten, da kaum klare Aussagen des Kindes vorliegen und es, wie in allen Altersstufen, kein spezifisches Signal bzw. Symptom gibt, von dem zweifelsfrei auf das Vorliegen eines Missbrauchs geschlossen werden kann.

In der Praxis wird sexueller Missbrauch von der Jugendwohlfahrt gar nicht oder nur am Rande wahrgenommen. Das liegt daran, dass sich die Folgen meist nur verschleiert durch Verhaltensauffälligkeiten des Kindes zeigen, ein großer Geheimhaltungsdruck besteht und Zeugen fehlen.

Werden Anzeichen eines sexuellen Missbrauchs bemerkt, sind diese in der Regel nicht handlungsleitend für die Auswahl der Intervention für das Kind. Der Fokus der Hilfeentscheidung wird oft nicht am Sachverhalt „sexueller Missbrauch“ ausgerichtet, was für Kinder schwere Folgen, wie fehlenden Schutz, erneute Traumatisierung oder fehlende Geschlechtsspezifizierung der Hilfe, haben kann. Die Gründung von Spezialeinrichtungen, wie z.B. Wohngruppen für sexuell missbrauchte Mädchen, wäre eine Möglichkeit, dem entgegenzuwirken. Allerdings ist zu berücksichtigen, dass Kinder in solchen Einrichtungen einer impliziten Stigmatisierung unterliegen. Maßnahmen der Unterstützung der Erziehung, wie z.B. erzieherische Hilfen, können dazu führen, dass weder der Schutz des Kindes sichergestellt noch nachhaltig der Täter zur Verantwortung gezogen werden kann. Sexueller Missbrauch kann trotz erzieherischer Hilfen fortgesetzt werden.[172]

Tatsache ist, dass es für Fachkräfte der Jugendwohlfahrt keine festen Verhaltensschemata und keine exakten Grenzen gibt, wann eine Kindeswohlgefährdung durch sexuellen Missbrauch vorliegt. Die Komplexität der Fälle erfordert in jedem einzelnen Fall, eine Balance zwischen Kindeswohl und Elternrecht zu finden. Interventionen sind demzufolge immer eine Gratwanderung. Für ein fachlich qualifiziertes Vorgehen braucht es nicht nur die Sicherstellung angemessener Hilfen für die Betroffenen. Ein wichtiger Ansatz wäre, Professionelle von Beginn an für den Umgang mit dem Problem „sexueller Missbrauch" zu sensibilisieren und zu qualifizieren. Ihr Fachwissen und ihre persönliche Eignung für die Arbeit bilden die Basis der Kompetenz und der Qualität der Intervention. Zu dieser Qualifizierung gehört auch das Bewusstsein, wie sehr es der Kooperation verschiedener Hilfeeinrichtungen bedarf, um möglichst effektive Hilfe- und Unterstützungsleistungen zu gewährleisten.

Zusammengefasst hat die Jugendwohlfahrt viele Möglichkeiten, etwas für den Schutz des Kindes zu tun. Aber selbst bei fachlich qualifiziertem Vorgehen kann es keine hundertprozentige Erfolgsquote geben. Tatsache bleibt, dass sich innerfamiliärer Missbrauch bei Kindern auf so vielfältige Weise äußern kann, dass das Erkennen der Hilfesignale und Symptome sowie das Erstellen eines geeigneten Hilfeplans und dessen Umsetzung immer eine Herausforderung für Fachkräfte der Jugendwohlfahrt darstellen werden.

Literaturverzeichnis

Amt für Soziales, Jugend und Familie (2005): Arbeitsauftrag für die DiplomsozialarbeiterInnen der Abteilung Erziehungshilfe im Amt für Soziales, Jugend und Familie, 2. Auflage, Linz

Bange, Dirk/ Körner, Wilhelm (Hg.) (2002): Handwörterbuch Sexueller Missbrauch, Göttingen

Beham-Rabanser, Martina/ Schwarz-Schlöglmann, Maria (2007): Zum Umgang der Jugendwohlfahrt mit dem Gewaltschutzgesetz, in: Der österreichische Amtsvormund, 39. Jahrgang, Folge 196, S. 37-84

Bodendorfer, Christine/ Rupp, Sabine/ Wohlatz, Sonja (1994): Gegen sexuelle Gewalt an Mädchen und Buben handeln – Eine Initiative des Bundeskanzlers und der Bundesministerin für Frauenangelegenheiten, Wien

Bundesministerium für Gesundheit, Familie und Jugend (Hg.) (2007): Broschüre (K)ein sicherer Ort – Sexuelle Gewalt an Kindern, 4. Auflage, Wien

Burgauner, Harald (2004): Gewalt als Alltagsphänomen in den sozialarbeiterischen Praxisfeldern, in: SIÖ Ausgabe 2/04, S. 13ff

Damrow, Miriam K. (2006): Sexueller Kindesmissbrauch – Eine Studie zu Präventionskonzepten, Resilienz und erfolgreicher Intervention, Weinheim und München

Deegener, Günther (2005): Kindesmissbrauch – erkennen, helfen, vorbeugen, 3. Auflage, Weinheim und Basel

Deegener, Günther/ Körner, Wilhelm (2008): Risikoerfassung bei Kindesmisshandlung und Vernachlässigung – Theorie, Praxis, Materialien, 2. Auflage, Lengerich

Enders, Ursula (1990): Zart zwar ich, bitter war's – Sexueller Missbrauch an Mädchen und Jungen, Köln

Fegert, Jörg M. ***(Hg.)*****/ Ziegenhain, Ute** (2007): Kindeswohlgefährdung und Vernachlässigung, München

Friedrich, Max H. (1998): Tatort Kinderseele – sexueller Missbrauch und die Folgen, Wien

Gahleitner, Silke-Birgitta (2000): Sexueller Missbrauch und seine geschlechtsspezifischen Auswirkungen, Marburg

Gewaltschutzzentrum OÖ (2009): Broschüre Bundesgesetz zum Schutz vor Gewalt im sozialen Nahraum, Linz

Göcke, Almut (2006): Der rechtliche Schutz für Inzestopfer und Hilfestellungen durch die Soziale Arbeit, Münster

Gründer, Mechthild/ Kleiner, Rosa/ Nagel, Hartmut (2000): Wie man mit Kindern darüber reden kann – Ein Leitfaden zur Aufdeckung sexueller Misshandlung, 2. Auflage, Münster

Harnach, Viola (2007): Psychosoziale Diagnostik in der Jugendhilfe – Grundlagen und Methoden für Hilfeplan, Bericht und Stellungnahme, 5. Auflage, Weinheim und München

Hartwig, Luise/ Hensen, Gregor (2003): Sexueller Missbrauch und Jugendhilfe – Möglichkeiten und Grenzen sozialpädagogischen Handelns im Kinderschutz, Weinheim und München

Heiliger, Anita (2000): Täterstrategien und Prävention – sexueller Missbrauch an Mädchen innerhalb familiärer und familienähnlicher Strukturen, München

Konkol, Nicole-Simone (2006): Professionell helfen – Sozialarbeiterische Intervention und Prävention bei sexuellem Missbrauch, 2. Auflage, Dessau

Krieger, Wolfgang/ Lang, Anita/ Meßmer, Simone/ Osthoff, Ralf (2007): Kindesmisshandlung, Vernachlässigung und sexueller Missbrauch im Aufgabenbereich der öffentlichen Träger der Jugendhilfe – Eine Einführung, Stuttgart

Kuehn-Velten, Jessika (2006): Das Kind im Blick – Krisenintervention und psychotherapeutische Arbeit mit missbrauchten und misshandelten Kindern, in: Der österreichische Amtsvormund, 38. Jahrgang, Folge 189, S. 1-60

Loderbauer, Brigitte (Hg.) (2009): Recht für Sozialberufe, Wien

Ramin, Gabriele (1993): Inzest und sexueller Missbrauch – Beratung und Therapie – Ein Handbuch, Paderborn

Roth, Gabriele (1997): Zwischen Täterschutz, Ohnmacht und Parteilichkeit – Zum institutionellen Umgang mit „sexuellem Missbrauch", Bielefeld

VAK Verband Anwalt des Kindes (2004): Begleiteter Umgang – Leitfaden zur Umsetzung der Rechtsvorschriften § 1684 Abs. 4 BGB und § 18 Abs. 3 SGB VIII, http://www.v-a-k.de/index.php?id=3060&VAK_CMS=c7d731064-f74ca0ba340a5daee1321dd (Stand 20.08.2004)

Weber, M./ Rohleder, Ch. (1995): Sexueller Missbrauch: Jugendhilfe zwischen Aufbruch und Rückschritt, Münster

Wildwasser Marburg e.V. – Fachberatungsstelle zu sexueller Gewalt in der Kindheit: Kinderschutz und Kindeswohl (2009): Zur Problematik des Sorge- und Umgangsrechts für gewalttätige Eltern, http://www.wildwasser-marburg.de/daten/material.html#text (Stand: 2009)

Anmerkungen

1 vgl. Harnach, Viola (2007): Psychosoziale Diagnostik in der Jugendhilfe – Grundlagen und Methoden für Hilfeplan, Bericht und Stellungnahme, 5. Auflage, Weinheim und München, S. 222

2 vgl. Roth, Gabriele (1997): Zwischen Täterschutz, Ohnmacht und Parteilichkeit – Zum institutionellen Umgang mit „sexuellem Missbrauch", Bielefeld, S. 43

3 vgl. Burgauner, Harald (2004): Gewalt als Alltagsphänomen in den sozialarbeiterischen Praxisfeldern, in: SIÖ Ausgabe 2/04, S. 13ff

4 vgl. Deegener, Günther/ Körner, Wilhelm (2008): Risikoerfassung bei Kindesmisshandlung und Vernachlässigung – Theorie, Praxis, Materialien, 2. Aufl., Lengerich, S. 133

5 vgl. Deegener, Günther (2005): Kindesmissbrauch – erkennen, helfen, vorbeugen, 3. Aufl., Weinheim und Basel, S. 22

6 vgl. Deegener, Günther (2005): S. 22f

7 ebd., S. 24

8 vgl. Fegert, Jörg M./ Ziegenhain, Ute (Hg.) (2007): Kindeswohlgefährdung und Vernachlässigung, München, S. 68

9 vgl. ebd., S. 52f

10 vgl. Jugendwohlfahrtsgesetz 1989: §2 Grundsatz der Subsidiarität; vgl. Oö. Jugendwohlfahrtsgesetz 1991

11 Amt für Soziales, Jugend und Familie (2005): Arbeitsauftrag für die DiplomsozialarbeiterInnen der Abteilung Erziehungshilfe im Amt für Soziales, Jugend und Familie, 2. Aufl., Linz, S. 50f

12 vgl. Hartwig, Luise/ Hensen, Gregor (2003): Sexueller Missbrauch und Jugendhilfe – Möglichkeiten und Grenzen sozialpädagogischen Handelns im Kinderschutz, Weinheim und München, S. 54f, S. 91

13 vgl. Hartwig, Luise/ Hensen, Gregor (2003): S. 55

14 vgl. Konkol, Nicole-Simone (2006): Professionell helfen – Sozialarbeiterische Intervention und Prävention bei sexuellem Missbrauch, 2. Auflage, Dessau, S. 67

15 vgl. Heiliger, Anita (2000): Täterstrategien und Prävention – sexueller Missbrauch an Mädchen innerhalb familiärer und familienähnlicher Strukturen, München, S. 182

16 vgl. Roth, Gabriele (1997): S. 97

17 Strafprozessordnung: §84, Abs. 2

18 vgl. Bodendorfer, Christine/ Rupp, Sabine/ Wohlatz, Sonja (1994): Gegen sexuelle Gewalt an Mädchen und Buben handeln – Eine Initiative des Bundeskanzlers und der Bundesministerin für Frauenangelegenheiten, Wien, Kapitel 05, 07, 13
19 vgl. Konkol, Nicole-Simone (2006): S. 78
20 vgl. Konkol, Nicole-Simone (2006): S. 78; vgl. Göcke, Almut (2006): Der rechtliche Schutz für Inzestopfer und Hilfestellungen durch die Soziale Arbeit, Münster, S. 57
21 vgl. Konkol, Nicole-Simone (2006): S. 78
22 vgl. ebd., S. 78f.; vgl. Göcke, Almut (2006): S. 57
23 vgl. Friedrich, Max H. (1998): S. 98
24 vgl. Göcke, Almut (2006): S. 58
25 vgl. Konkol, Nicole-Simone (2006): S. 78; vgl. Göcke, Almut (2006): S. 59
26 vgl. ebd., S. 78, S. 59
27 vgl. Konkol, Nicole-Simone (2006): S. 78
28 vgl. ebd., S. 70
29 vgl. Göcke, Almut (2006): S. 60
30 vgl. ebd., S. 60f
31 vgl. Bodendorfer, Christine/ Rupp, Sabine/ Wohlatz, Sonja (1994): Kapitel 03
32 vgl. Harnach, Viola (2007): S. 215; vgl. Amt für Soziales, Jugend und Familie (2005): S. 37f
33 vgl. ebd., S. 38
34 vgl. Hartwig, Luise/ Hensen, Gregor (2003): S. 65
35 vgl. Göcke, Almut (2006): S. 58
36 vgl. Bodendorfer, Christine/ Rupp, Sabine/ Wohlatz, Sonja (1994): Kapitel 03; vgl. Harnach, Viola (2007): S. 235
37 vgl. Enders, Ursula (1990): S. 180
38 ebd., S. 114
39 vgl. Krieger, Wolfgang/ Lang, Anita/ Meßmer, Simone/ Osthoff, Ralf (2007): Kindesmisshandlung, Vernachlässigung und sexueller Missbrauch im Aufgabenbereich der öffentlichen Träger der Jugendhilfe – Eine Einführung, Stuttgart, S. 136
40 vgl. Gründer, Mechthild/ Kleiner, Rosa/ Nagel, Hartmut (2000): S. 27; vgl. Konkol, Nicole-Simone (2006): S. 70
41 Friedrich, Max H. (1998): Tatort Kinderseele – sexueller Missbrauch und die Folgen, Wien, S. 76f

42 vgl. Gründer, Mechthild/ Kleiner, Rosa/ Nagel, Hartmut (2000): S. 27; vgl. Bodendorfer, Christine/ Rupp, Sabine/ Wohlatz, Sonja (1994): Kapitel 03

43 vgl. Gründer, Mechthild/ Kleiner, Rosa/ Nagel, Hartmut (2000): S. 27

44 Friedrich, Max H. (1998): S. 90

45 vgl. Gründer, Mechthild/ Kleiner, Rosa/ Nagel, Hartmut (2000): Wie man mit Kindern darüber reden kann – Ein Leitfaden zur Aufdeckung sexueller Misshandlung, 2. Aufl., Münster, S. 21f.; vgl. Harnach, Viola (2007):
S. 232

46 vgl. Damrow, Miriam K. (2006): Sexueller Kindesmissbrauch – Eine Studie zu Präventionskonzepten, Resilienz und erfolgreicher Intervention, Weinheim und München, S. 51

47 vgl. Friedrich, Max H. (1998): S. 90

48 vgl. Gründer, Mechthild/ Kleiner, Rosa/ Nagel, Hartmut (2000): S. 21

49 vgl. ebd., S. 22; vgl. Roth, Gabriele (1997): S. 74

50 vgl. Deegener, Günther (2005): S. 118

51 vgl. ebd., S. 124

52 vgl. Weber, M./ Rohleder, Ch. (1995): Sexueller Missbrauch: Jugendhilfe zwischen Aufbruch und Rückschritt, Münster, S. 27

53 vgl. Gründer, Mechthild/ Kleiner, Rosa/ Nagel, Hartmut (2000): S. 22; vgl. Friedrich, Max H. (1998): S. 89f.

54 vgl. Krieger, Wolfgang/ Lang, Anita/ Meßmer, Simone/ Osthoff, Ralf (2007): S. 83, vgl. Roth, Gabriele (1997): S. 72f

55 vgl. Roth, Gabriele (1997): S. 74

56 vgl. Gründer, Mechthild/ Kleiner, Rosa/ Nagel, Hartmut (2000): S. 22

57 vgl. Harnach, Viola (2007): S. 228

58 vgl. Ramin, Gabriele (1993): Inzest und sexueller Missbrauch – Beratung und Therapie – Ein Handbuch, Paderborn, S. 237

59 vgl. Damrow, Miriam K. (2006): S. 199f

60 vgl. Hartwig, Luise/ Hensen, Gregor (2003): S. 40f

61 vgl. Krieger, Wolfgang/ Lang, Anita/ Meßmer, Simone/ Osthoff, Ralf (2007): S. 79

62 vgl. Krieger, Wolfgang/ Lang, Anita/ Meßmer, Simone/ Osthoff, Ralf (2007): S. 79; vgl. Hartwig, Luise/ Hensen, Gregor (2003): S. 41

63 vgl. Krieger, Wolfgang/ Lang, Anita/ Meßmer, Simone/ Osthoff, Ralf (2007): S. 79

64 vgl. Harnach, Viola (2007): S. 227; vgl. Krieger, Wolfgang/ Lang, Anita/ Meßmer, Simone/ Osthoff, Ralf (2007): S. 80

65 vgl. Harnach, Viola (2007): S. 227; vgl. Enders, Ursula (1990): Zart zwar ich, bitter war's – Sexueller Missbrauch an Mädchen und Jungen, Köln, S. 77f
66 vgl. Krieger, Wolfgang/ Lang, Anita/ Meßmer, Simone/ Osthoff, Ralf (2007): S. 81f.; vgl. Deegener, Günther (2005): S. 114ff
67 vgl. Harnach, Viola (2007): S. 234
68 vgl. Krieger, Wolfgang/ Lang, Anita/ Meßmer, Simone/ Osthoff, Ralf (2007): S. 81f.; vgl. Deegener, Günther (2005): S. 114ff
69 vgl. Gründer, Mechthild/ Kleiner, Rosa/ Nagel, Hartmut (2000): S. 24f
70 vgl. Konkol, Nicole-Simone (2006): S. 52
71 vgl. Gahleitner, Silke-Birgitta (2000): Sexueller Missbrauch und seine geschlechtsspezifischen Auswirkungen, Marburg, S. 88
72 vgl. ebd.: S. 88f
73 vgl. Krieger, Wolfgang/ Lang, Anita/ Meßmer, Simone/ Osthoff, Ralf (2007): S. 21
74 vgl. Gahleitner, Silke-Birgitta (2000): S. 83
75 vgl. Gahleitner, Silke-Birgitta (2000): S. 88
76 vgl. Krieger, Wolfgang/ Lang, Anita/ Meßmer, Simone/ Osthoff, Ralf (2007): S. 141
77 vgl. Enders, Ursula (1990): S. 98
78 vgl. Enders, Ursula (1990): S. 99
79 Gründer, Mechthild/ Kleiner, Rosa/ Nagel, Hartmut (2000): S. 27
80 vgl. ebd., S. 26; vgl. Harnach, Viola (2007): S. 235
81 vgl. Amt für Soziales, Jugend und Familie (2005): S. 38f; vgl. Harnach, Viola (2007): S. 235
82 vgl. Gründer, Mechthild/ Kleiner, Rosa/ Nagel, Hartmut (2000): S. 28f
83 vgl. Krieger, Wolfgang/ Lang, Anita/ Meßmer, Simone/ Osthoff, Ralf (2007): S. 140; vgl. Bange, Dirk/ Körner, Wilhelm (Hg.) (2002): Handwörterbuch Sexueller Missbrauch, Göttingen, S. 219
84 vgl. Krieger, Wolfgang/ Lang, Anita/ Meßmer, Simone/ Osthoff, Ralf (2007): S. 139
85 vgl. Enders, Ursula (1990): S. 140
86 vgl. Harnach, Viola (2007): S. 216
87 vgl. Hartwig, Luise/ Hensen, Gregor (2003): S. 90
88 vgl. Harnach, Viola (2007): S. 235
89 vgl. Bodendorfer, Christine/ Rupp, Sabine/ Wohlatz, Sonja (1994): Kapitel 03
90 Gründer, Mechthild/ Kleiner, Rosa/ Nagel, Hartmut (2000): S. 33
91 vgl. ebd., S. 33

92 vgl. Bodendorfer, Christine/ Rupp, Sabine/ Wohlatz, Sonja (1994): Kapitel 03
93 vgl. Harnach, Viola (2007): S. 215f
94 vgl. Gründer, Mechthild/ Kleiner, Rosa/ Nagel, Hartmut (2000): S. 30
95 vgl. Deegener, Günther/ Körner, Wilhelm (2008): S. 115
96 vgl. Enders, Ursula (1990): S. 126, S. 162
97 vgl. Deegener, Günther/ Körner, Wilhelm (2008): S. 117
98 vgl. Bodendorfer, Christine/ Rupp, Sabine/ Wohlatz, Sonja (1994): Kapitel 08
99 vgl. Bodendorfer, Christine/ Rupp, Sabine/ Wohlatz, Sonja (1994): Kapitel 04
100 ebd., Kapitel 04
101 vgl. Deegener, Günther/ Körner, Wilhelm (2008): S. 135f
102 vgl. Roth, Gabriele (1997): S. 98ff
103 vgl. Bundesministerium für Gesundheit, Familie und Jugend (Hg.) (2007): (K)ein sicherer Ort – Sexuelle Gewalt an Kindern, 4. Auflage, Wien, S. 28
104 vgl. Deegener, Günther/ Körner, Wilhelm (2008): S. 130
105 vgl. ebd., S. 128
106 vgl. ebd., S. 136
107 vgl. ebd., S. 128
108 vgl. Deegener, Günther/ Körner, Wilhelm (2008): S. 130ff
109 vgl. Bodendorfer, Christine/ Rupp, Sabine/ Wohlatz, Sonja (1994): Kapitel 04
110 vgl. Bange, Dirk/ Körner, Wilhelm (Hg.) (2002): S. 179; vgl. Göcke, Almut (2006): S. 31f
111 vgl. Göcke, Almut (2006): S. 31f
112 vgl. Enders, Ursula (1990): S. 237
113 vgl. Bundesministerium für Gesundheit, Familie und Jugend (Hg.) (2007): S. 28
114 vgl. Roth, Gabriele (1997): S. 98
115 vgl. Bange, Dirk/ Körner, Wilhelm (Hg.) (2002): S. 179
116 vgl. Enders, Ursula (1990): S. 140
117 vgl. Enders, Ursula (1990): S. 97f
118 vgl. Bodendorfer, Christine/ Rupp, Sabine/ Wohlatz, Sonja (1994): Kapitel 18
119 vgl. Enders, Ursula (1990): S. 101
120 vgl. Bodendorfer, Christine/ Rupp, Sabine/ Wohlatz, Sonja (1994): Kapitel 18

121 Konkol, Nicole-Simone (2006): S. 104
122 vgl. Bodendorfer, Christine/ Rupp, Sabine/ Wohlatz, Sonja (1994): Kapitel 18
123 vgl. Amt für Soziales, Jugend und Familie (2005): S. 51; vgl. Hartwig, Luise/ Hensen, Gregor (2003): S. 92
124 vgl. Hartwig, Luise/ Hensen, Gregor (2003): S. 93
125 vgl. Harnach, Viola (2007): S. 237
126 vgl. Kuehn-Velten, Jessika (2006): Das Kind im Blick – Krisenintervention und psychotherapeutische Arbeit mit missbrauchten und misshandelten Kindern, in: Der österreichische Amtsvormund, 38. Jahrgang, Folge 189, 1-60, S. 3ff
127 vgl. ebd., S. 5
128 vgl. Kuehn-Velten, Jessika (2006): S. 3f
129 ebd., S. 5f
130 vgl. ebd., S. 6
131 vgl. Roth, Gabriele (1997): S. 99
132 vgl. Roth, Gabriele (1997): S. 99
133 vgl. Enders, Ursula (1990): S. 232
134 vgl. Bundesministerium für Gesundheit, Familie und Jugend (Hg.) (2007): S. 33; vgl. Gewaltschutzzentrum OÖ (2009): Bundesgesetz zum Schutz vor Gewalt im sozialen Nahraum, Linz
135 vgl. Loderbauer, Brigitte (Hg.) (2009): Recht für Sozialberufe, Wien, S. 101
136 vgl. Bodendorfer, Christine/ Rupp, Sabine/ Wohlatz, Sonja (1994): Kapitel 07
137 vgl. Bundesministerium für Gesundheit, Familie und Jugend (Hg.) (2007): S. 34; vgl. Gewaltschutzzentrum OÖ (2009)
138 vgl. Krieger, Wolfgang/ Lang, Anita/ Meßmer, Simone/ Osthoff, Ralf (2007): S. 110
139 vgl. ebd., S. 111
140 vgl. Bange, Dirk/ Körner, Wilhelm (Hg.) (2002): S. 179f
141 vgl. Amt für Soziales, Jugend und Familie (2005): S. 46
142 vgl. Hartwig, Luise/ Hensen, Gregor (2003): S. 62
143 vgl. Amt für Soziales, Jugend und Familie (2005): S. 52
144 vgl. Roth, Gabriele (1997): S. 100
145 vgl. Bundesministerium für Gesundheit, Familie und Jugend (Hg.) (2007): S. 28
146 vgl. Hartwig, Luise/ Hensen, Gregor (2003): S. 100
147 vgl. Bundesministerium für Gesundheit, Familie und Jugend (Hg.) (2007): S. 26

148 vgl. Bundesministerium für Gesundheit, Familie und Jugend (Hg.) (2007): S. 26; vgl. Bodendorfer, Christine/ Rupp, Sabine/ Wohlatz, Sonja (1994): Kapitel 02
149 vgl. Hartwig, Luise/ Hensen, Gregor (2003): S. 100
150 vgl. Bodendorfer, Christine/ Rupp, Sabine/ Wohlatz, Sonja (1994): Kapitel 08
151 vgl. Hartwig, Luise/ Hensen, Gregor (2003): S. 101
152 vgl. Bodendorfer, Christine/ Rupp, Sabine/ Wohlatz, Sonja (1994): Kapitel 07
153 vgl. Beham-Rabanser, Martina/ Schwarz-Schlöglmann, Maria (2007): Zum Umgang der Jugendwohlfahrt mit dem Gewaltschutzgesetz, in: Der österreichische Amtsvormund, 39. Jahrgang, Folge 196, 37-84; S. 39f
154 vgl. Amt für Soziales, Jugend und Familie (2005): S. 57ff
155 vgl. Roth, Gabriele (1997): S. 99
156 vgl. Bodendorfer, Christine/ Rupp, Sabine/ Wohlatz, Sonja (1994): Kapitel 05
157 vgl. Enders, Ursula (1990): S. 233
158 vgl. Hartwig, Luise/ Hensen, Gregor (2003): S. 67f
159 vgl. Hartwig, Luise/ Hensen, Gregor (2003): S. 89
160 vgl. Heiliger, Anita (2000): S. 182
161 Heiliger, Anita (2000): S. 183
162 vgl. ebd., S. 182f
163 vgl. ebd., S. 184; vgl. Roth, Gabriele (1997): S. 352f
164 vgl. Wildwasser Marburg e.V. – Fachberatungsstelle zu sexueller Gewalt in der Kindheit: Kinderschutz und Kindeswohl (2009): Zur Problematik des Sorge- und Umgangsrechts für gewalttätige Eltern, http://www.wildwasser-marburg.de/daten/material.html#text (Stand: 2009)
165 vgl. ebd., http://www.wildwasser-marburg.de
166 vgl. VAK Verband Anwalt des Kindes (2004): Begleiteter Umgang – Leitfaden zur Umsetzung der Rechtsvorschriften §. 1684 Abs. 4 BGB und § 18 Abs. 3 SGB VIII, http://www.v-ak.de/index.php?id=3060-&VAK_CMS=c7d731064f74ca0ba340a5daee1321dd (Stand 24.08.2004)
167 vgl. Wildwasser Marburg e.V. – Fachberatungsstelle zu sexueller Gewalt in der Kindheit: http://www.wildwasser-marburg.de
168 vgl. Krieger, Wolfgang/ Lang, Anita/ Meßmer, Simone/ Osthoff, Ralf (2007): S. 117
169 vgl. Göcke, Almut (2006): S. 69

170 vgl. Amt für Soziales, Jugend und Familie (2005): S. 51
171 vgl. Bodendorfer, Christine/ Rupp, Sabine/ Wohlatz, Sonja (1994): Kapitel 18
172 vgl. Bange, Dirk/ Körner, Wilhelm (Hg.) (2002): S. 193